Você pode criar uma vida excepcional

LOUISE L. HAY
(autora de *Você pode curar sua vida*)
& CHERYL RICHARDSON

Você pode criar uma vida excepcional

Tradução
Lourdes Sette

2ª edição

RIO DE JANEIRO | 2025

CIP-BRASIL. CATALOGAÇÃO NA PUBLICAÇÃO
SINDICATO NACIONAL DOS EDITORES DE LIVROS, RJ

H328v
2. ed.

Hay, Louise L., 1926-
Você pode criar uma vida excepcional / Louise L. Hay,
Cheryl Richardson; tradução: Lourdes Sette. – 2. ed. – Rio
de Janeiro: Best*Seller*, 2025.
il.

Tradução de: You can create an exceptional life
Apêndice
ISBN 978-85-7684-341-2

1. Autorrealização. 2. Vida espiritual. 3. Corpo e mente.
I. Richardson, Cheryl. II. Título.

13-02973

CDD: 158.1
CDU: 159.947

Texto revisado segundo o novo Acordo Ortográfico da Língua Portuguesa.

Título original
YOU CAN CREATE AN EXCEPTIONAL LIFE
Copyright © 2011 by Louise L. Hay
Publicado originalmente nos Estados Unidos em 2011, por Hay House Inc.
Copyright da tradução © 2013 by Editora Best Seller Ltda.

Capa: Sérgio Campante
Editoração eletrônica: Abreu's System

Todos os direitos reservados. Proibida a reprodução,
no todo ou em parte, sem autorização prévia por escrito da editora,
sejam quais forem os meios empregados.

Direitos exclusivos de publicação em língua portuguesa para o Brasil
adquiridos pela
EDITORA BEST SELLER LTDA.
Rua Argentina, 171, parte, São Cristóvão
Rio de Janeiro, RJ – 20921-380
que se reserva a propriedade literária desta tradução

Impresso no Brasil

ISBN 978-85-7684-341-2

Sintonize-se na Hay House Radio pelo site: www.hayhouseradio.com
(conteúdo em inglês)

Seja um leitor preferencial Record.
Cadastre-se e receba informações sobre nossos lançamentos
e nossas promoções.

Atendimento e venda direta ao leitor:
sac@record.com.br

Sumário

Introdução por Louise Hay 7

Introdução por Cheryl Richardson 9

Capítulo 1: Atenda ao telefone e abra a correspondência 15

Capítulo 2: Criando uma vida excepcional 37

Capítulo 3 Como você começa o dia é como você vive sua vida 51

Capítulo 4: Como você vive o dia é como vive sua vida 63

Capítulo 5: Não quebre um hábito, desfaça-o! 87

Capítulo 6: A beleza da sabedoria 105

Capítulo 7: O fim do filme 121

Coleção de afirmações 135

Introdução

Por Louise Hay

Há muitos anos uma de minhas afirmações tem sido: *terei apenas experiências boas*. Trata-se de um pensamento reconfortante, que anula todos os temores do que está por vir e me permite acordar diariamente me sentindo confiante e em paz. Sempre me encanto e até mesmo me surpreendo quando observo como a Vida me traz aventuras boas.

Foi assim que me senti quando tomei conhecimento de que Reid Tracy, o presidente da Hay House, estava tramando para fazer Cheryl e eu produzirmos um livro juntas. Um grande sorriso iluminou meu rosto enquanto a ideia enchia minha mente de possibilidades.

A princípio, eu tinha muitas perguntas: sobre o que escreveríamos? Como combinaríamos nossos estilos? Uma vez que vivemos tão longe uma da outra, a Vida nos ofereceria tempo suficiente para estarmos juntas? Mas logo percebi que a Vida não podia surgir com uma ideia tão boa sem resolver todas as dificuldades. E assim ela o fez. Cheryl e eu visitamos várias cidades, tanto aqui quanto no exterior, com tempo suficiente para preparar um capítulo ou dois. E quando não estávamos juntas, nos falávamos por Skype – muitas vezes de pijama, com o cabelo e a maquiagem *au naturel* –, mas era como se estivéssemos na mesma sala.

Cheryl e eu fizemos mudanças positivas fenomenais em nossas vidas e desejamos compartilhar com você o que aprendemos. Todos podemos melhorar a qualidade de nossas vidas se praticarmos a arte do cuidado pessoal e treinarmos a mente para pensar de uma forma que nos faça sentir bem. Quando o fazemos, atraímos experiências prazerosas que enriquecem a vida.

A ideia que Cheryl e eu tivemos foi apresentar esses métodos da forma mais fácil possível para que você possa, passo a passo, aprender como ter paz de espírito – viver sem preocupações em um corpo saudável, com uma renda confortável, enquanto desfruta de seus relacionamentos. Em última análise, desejamos mostrar-lhe como passar da posição de vítima para a de criador de uma vida agradável.

Ao ler capítulo por capítulo deste livro, você sentirá os ombros relaxando, a testa descontraindo, a tensão e o temor se dissolvendo, à medida que percebe a existência de uma forma melhor de viver.

É a jornada que traz prazer, não a corrida para o destino. Amamos e apoiamos você à medida que caminha junto conosco nessa nova e maravilhosa aventura rumo a uma vida excepcional!

Introdução

Por Cheryl Richardson

Existe uma Energia Universal, uma Força Divina que nos cria; conforta-nos; conecta-nos uns aos outros; e trabalha em cooperação com nossos pensamentos, palavras e ações que geram nossas experiências de vida. Quando reconhecemos e aprendemos a trabalhar em parceria com esse poder benevolente, nos tornamos mestres de nossos destinos. A fórmula é simples: *tenha pensamentos que façam você se sentir bem, tome decisões que façam você se sentir bem e aja de maneira que faça você se sentir bem.* Em seguida, esqueça o resultado, confiando que a Vida lhe trará o que precisa para crescer e ser feliz.

Essa fórmula simples melhorou radicalmente a qualidade da minha vida, e ela pode melhorar a sua também. Quando você a usa e aprende a confiar nela, a vida se desdobra em caminhos milagrosos. Oportunidades extraordinárias surgirão para tornar sua vida completa e fazer uma diferença no mundo. Este livro é uma das minhas oportunidades extraordinárias.

Foi em um final de tarde que me sentei para almoçar com Reid Tracy, o diretor-executivo da Hay House. Reid e eu nos conhecemos há muitos anos e, recentemente, fomos professores em um seminário para profissionais experientes que desejavam aprender formas de ampliar suas capacidades. Juntos, ensinamos aos participantes todo o processo de escrever e publicar, palestrar, participar em programas de rádio e televisão e usar as mídias sociais para atrair o público. Chamamos o seminário de *Fale, escreva e promova: torne-se um instigador e um agitador*; e este é um projeto histórico que nos deu o privilégio de cultivar novos líderes interessados no campo do autofortalecimento.

Quando começávamos a almoçar e discutir os resultados de nosso último seminário, Reid me pegou de surpresa com um convite:

— Tenho pensado sobre seu novo projeto e queria saber se você estaria interessada em escrever um livro com Louise.

Cuidadosamente coloquei o garfo na mesa, próximo ao prato, e olhei para ele.

— Louise Hay? — perguntei com a boca cheia e mostrando muita surpresa.

— Sim — ele respondeu com um sorriso —, Louise Hay.

Louise é considerada uma das fundadoras do movimento de autoajuda e uma pioneira na cura mente-corpo, e eu a conheço há mais de vinte anos. Não pessoalmente, no início, mas através de seus livros e palestras. Publicado em 1984, *Você pode curar sua vida* foi pioneiro na introdução da conexão entre os problemas físicos e seus padrões de pensamento e as questões emocionais correspondentes. Eu sabia que mais de cinquenta milhões de cópias dos livros de Louise tinham sido vendidas e que pessoas no mundo inteiro foram influenciadas pelo trabalho dela.

Enquanto fitava Reid, surgiu em minha cabeça a frase "estou voltando ao ponto de partida". Escrever com Louise Hay?

Lembrei repentinamente de nosso primeiro encontro. Em meados da década de 1980, eu era uma jovem tentando me encontrar. *Você pode curar sua vida* foi um dos primeiros livros a me colocar no caminho da cura.

Na época, eu fazia trabalho voluntário em uma organização chamada Interface, em Cambridge, Massachusetts. A Interface era um centro de formação holística que ostentava um currículo ministrado por pensadores de vanguarda, tais como Marion Woodman, uma analista junguiana e pioneira da psicologia feminina; John Bradshaw, que introduziu o conceito da família disfuncional na América, através de sua série *Bradshaw On: The Family*; e Bernie Siegel, o cirurgião que desafiou médicos e pacientes a encararem a cura como um processo holístico que abrange nossa vida emocional e espiritual, assim como nosso corpo. Louise havia sido convidada para dar uma palestra sobre seu livro na Interface e fui escolhida para pegá-la no aeroporto e levá-la até o hotel.

Fiquei empolgada ao pensar em receber Louise Hay no aeroporto. Estava ansiosa e emocionada por encontrar alguém que influenciara minha vida tão profundamente. Em seu livro, Louise conta a história íntima de sua vida com tanta coragem e vulnerabilidade que parecia minha alma gêmea. Sua capacidade para transformar um passado violento e abusivo em um presente repleto de paz e cura inspirou-me a trilhar o caminho da saúde. E ela me desafiou a ver o crescimento a partir de uma perspectiva radicalmente nova: se eu queria mudar minha vida, precisava primeiro mudar minha forma de pensar. Deixar de ser uma vítima das circunstâncias. Estava na hora de assumir o comando de minha vida usando as ferramentas práticas que ela me fornecera para fazer mudanças positivas e duradouras.

Enquanto dirigia para o aeroporto, tive que ficar me lembrando de manter minha empolgação sob controle, evitar bombardeá-la com perguntas e deixá-la bem à vontade. Quando cheguei, descobri que o voo, que vinha da Califórnia, estava atrasado, então sentei próximo ao portão de desembarque por mais de duas horas e minha empolgação não diminuiu nem um pouco. Pelo contrário, ela cresceu. Por fim, quando Louise saiu do avião, fui até o portão de desembarque e me apresentei. Ela sorriu e apertou minha mão e depois andamos até o carro. Quase não disse uma palavra durante todo o trajeto até o hotel.

A vida nos juntaria novamente muitos anos depois – dessa vez, em circunstâncias muito diferentes. A jovem que estava tão desesperada para se encontrar na década de 1980 se tornara uma mulher que escrevia livros e guiava outros em suas jornadas pessoais rumo ao autoconhecimento. Dessa vez, Louise e eu nos encontramos em um jantar para autores oferecido pela editora dela, a Hay House. Esse foi o primeiro de muitos encontros que permitiram que nos conhecêssemos de uma forma mais pessoal e significativa.

Com o passar dos anos, nosso tempo juntas me propiciou um olhar privilegiado sobre alguém que, mesmo já tendo passado dos 80 anos, ainda pratica – *diligentemente* – aquilo que ensina. Louise é um belo exemplo do que significa pensar e falar para construir uma vida excepcional.

Assim, enquanto considerava a ideia de Reid, meu primeiro pensamento foi: "Isso seria uma oportunidade imperdível para aprender com uma mulher que causou um enorme impacto em minha vida e na vida de milhões de outras pessoas". Era óbvio. Eu escreveria o livro apenas pela experiência em si. No entanto, havia mais. Minha vida continuava a ser influenciada de formas significativas pela sabedoria do trabalho de Louise.

Ao longo do ano de 2010, por exemplo, mantive uma prática diária inspirada nos ensinamentos dela sobre afirmações.

Todas as manhãs, antes de começar o dia, eu escrevia algumas páginas em meu diário e terminava com uma lista de afirmações espontâneas. Ansiava por esse novo ritual e estava curiosa para saber como ele influenciaria minha vida.

Assim que iniciei essa prática, comecei a perceber mudanças tangíveis. Senti-me mais bem disposta o dia inteiro, tinha mais entusiasmo pela vida e achei mais fácil desviar minha mente daquilo que me irritava, ou preocupava e focar no que me fazia bem. Não apenas isso, mas quanto mais persistia nessa prática diária, mais me tornava capaz de reconhecer necessidades mais profundas e pessoais. Em poucos meses, comecei a enxergar padrões e temas nas afirmações que criava. Determinados padrões surgiam repetidamente, alertando-me para experiências que eu ansiava vivenciar. Um, em particular, aparecia sempre:

Trabalho em colaboração criativa com pessoas inteligentes e inspiradoras, em projetos que contribuem para a cura do mundo.

A princípio, essa afirmação me surpreendeu. Solitária por natureza – bem, uma controladora, na verdade –, eu preferia estar no comando e dar ordens. Mas isso estava se tornando uma forma isolada e pouco satisfatória de operar no mundo. Eu começava a pensar mais em trabalhar com outras pessoas que me desafiassem e inspirassem ao invés de passar pela vida sozinha. Assim, observava enquanto a Vida deixava claro que estava prestando atenção nisso. O poder de focar minha energia manifestava algo novo.

Ao pensar mais sobre o convite de Reid, decidi atravessar a porta aberta diante de mim.

— Sim, eu adoraria escrever um livro com Louise — disse a ele. — Qual é o próximo passo?

* * *

Semanas depois, Louise e eu nos encontramos para discutir sobre nosso trabalho conjunto. Concordamos que escrever um livro era uma excelente ideia e decidimos fazer algo que só a idade e a experiência podiam inspirar: *confiar na Vida*. Em vez de criar um esboço ou seguir algum tipo de plano organizado, ela e eu permitiríamos que o livro se revelasse. E foi exatamente isso que aconteceu.

Enquanto participávamos de eventos por toda América do Norte e pela Europa, Louise e eu tivemos uma série de conversas íntimas e sinceras sobre os princípios espirituais que nortearam nossas vidas. Embora eu tenha escrito o livro do meu ponto de vista, ele reflete nossa experiência colaborativa de falar sobre tudo, desde amarmos a nós mesmos e a nossos corpos às formas com as quais lidamos com uma variedade de tópicos – incluindo o envelhecimento e uma abordagem digna e serena ao fim de nossas vidas aqui na Terra.

É nosso desejo sincero que essas conversas inspirem você a desenvolver os hábitos espirituais que ajudarão a tornar sua vida excepcional. Enquanto o faz, você logo descobrirá o que Louise e eu sabemos ser a verdade universal mais importante de todas: *a Vida ama você!*

Capítulo Um

Atenda ao telefone e abra a correspondência

Estou em casa, em Massachusetts, olhando para uma paisagem congelada e preparando-me para ligar para Louise, que está na ensolarada Califórnia. Ao lado do computador, tenho uma xícara com meu chá favorito – o Royal Blend da Fortnum & Mason – misturado com a quantidade perfeita de leite caseiro de amêndoas cruas. Estou animada para começar nosso projeto.

Quando agendamos nossa ligação pela primeira vez, fui pega de surpresa pela sugestão de Louise de usarmos o Skype para que pudéssemos nos ver enquanto falávamos. "Skype?", pensei. "Mesmo?" Eu começara a usar o programa há apenas um ano e já estava percebendo o quanto Louise, aos 84 anos, se mantinha atualizada. Essa prometia ser uma grande experiência.

Empenhada em conhecer Louise profundamente e começar a dar andamento ao projeto, eu estava ansiosa para conhecer mais sobre a jornada pessoal dela. Perguntava-me o que a levou a pegar o caminho do autofortalecimento. O que havia guiado Louise nesse caminho? O que a inspirou a criar uma empresa que teve um impacto tão profundo na vida de milhões de pessoas no mundo inteiro?

Entretanto, minha curiosidade estava misturada com um pouco de reserva. Eu sabia que Louise já compartilhara sua história muitas vezes, tanto em *Você pode curar sua vida* quanto em inúmeras palestras e seminários. E, já tendo escrito extensivamente sobre minha própria vida, sabia que seria tedioso falar pela enésima vez sobre o mesmo assunto. Portanto, estava determinada a ouvir sobre a vida dela sob uma nova perspectiva. Estava ansiosa para aprender a respeito da sabedoria adquirida com a idade e a experiência.

Com o que eu viria a reconhecer como uma intuição bem fundamentada, Louise abordou minhas preocupações diretamente enquanto agendávamos nossa primeira conversa.

— Já contei a história da minha vida em meus livros, então não acredito que seja necessário abordar esse assunto mais uma vez. No entanto, tenho pensado sobre tudo que é relevante para meu crescimento espiritual e podemos falar sobre isso.

Respirei fundo e sorri.

— Excelente. Seria ótimo.

Na hora marcada, liguei para Louise, cliquei no botão de vídeo, e nos conectamos. Lá estava ela! Sorriso amplo, óculos empoleirados na ponta do nariz, sentada ereta em sua cadeira e, evidentemente, pronta para a labuta. Após conversarmos por uns minutos, começamos a trabalhar. Coloquei meu iPhone para gravar nossa conversa, os dedos sobre o teclado do computador para poder fazer anotações e escutei atentamente enquanto Louise pensava sobre minha primeira pergunta: *O que a fez tomar o caminho espiritual?*

— Meu crescimento espiritual começou por volta dos 42 anos — ela começa. — Estava casada com um inglês maravilhoso, que me dera a oportunidade de aprender a me socializar, a me comportar e agir no mundo, aprendizados que faltaram em minha infância. Cresci em uma família violenta e nunca fui a lugar algum ou fiz coisa alguma. Fugi de casa aos 15 anos e, embora tivesse aprendido a sobreviver, não tinha o traquejo necessário para viver em sociedade. Então, ao casar com um homem muito sofisticado e muito bem educado, aprendi muito. Tivemos experiências maravilhosas juntos e, exatamente quando me dizia que os bons momentos podem durar e que, provavelmente, ficaríamos juntos para sempre, ele me disse que queria o divórcio. Fiquei arrasada.

— Meu Deus, isso deve ter sido terrível — disse-lhe.

— Sim. Meu marido era uma pessoa importante, e nosso divórcio apareceu em todos os jornais. Foi uma época muito dolorosa porque imediatamente disse a mim mesma: "Está vendo, mais uma vez, você não consegue fazer nada direito." Mas, quando olho para trás agora, vejo que o casamento foi uma porta importante que precisava ser fechada para que eu pudesse dar o passo seguinte em minha jornada. Se não tivesse me divorciado, nunca teria me tornado esta Louise Hay. Ao invés disso, eu continuaria a ser uma esposinha inglesa obediente – uma excelente esposa de acordo com meu conceito, mas não quem eu realmente estava destinada a ser. Estava na hora do casamento acabar.

Enquanto ouço Louise, penso sobre o alerta clássico, a ruptura inesperada e frequentemente abrupta que pode ocorrer em uma vida confortavelmente entorpecida. Obviamente tive vários desses alertas antes de finalmente começar a acordar – desgostos extremamente dolorosos, a vergonha de ser despedida de um emprego e um incêndio que destruiu o negócio da minha família. Na verdade, foi esse incêndio que, por fim, tirou-me da sonolência profunda e me colocou firmemente no caminho espiritual.

— Foi um ano mais tarde, após lidar com o fim de meu casamento, que a nova porta se abriu — Louise continuou. — Uma amiga me convidou para uma palestra na Igreja da Ciência Religiosa, em Nova York. Ela me pediu para ir com ela porque não queria ir sozinha. Concordei, mas quando cheguei, ela não estava lá. Tive que decidir entre assistir a palestra sozinha ou ir embora, e optei por ficar. Assim, lá estava eu sentada naquela palestra quando ouvi alguém dizer: "Se está disposta a mudar seu modo de pensar, você pode mudar sua vida." Embora essa frase soasse como uma afirmação banal, ela foi decisiva para mim. Ela atraiu minha atenção.

— Por que você acha que ela atraiu sua atenção? — perguntei.

— Não faço a menor ideia, porque eu nunca estudara nada. Lembro-me de ter uma amiga que vivia tentando me levar para assistir aulas na Associação Cristã de Moços e eu nunca me interessei. Mas algo sobre esse assunto me tocou na época, e decidi voltar. Hoje consigo ver a perfeição na ausência da minha amiga. Se ela tivesse ido, provavelmente minha experiência teria sido diferente. Está vendo, tudo é perfeito.

Tudo é perfeito. A princípio, ouvir essa frase é como ouvir que tudo acontece por uma razão. Essa é uma mensagem dura de engolir quando enfrentamos uma tragédia ou uma dor profunda de qualquer tipo. Porém, ao nos treinarmos para enxergar a perfeição nos momentos mais difíceis – uma perspectiva que frequentemente só pode ser vista quando olhamos para trás – aprendemos a confiar na Vida. Passamos a entender que, embora possamos não gostar de determinado resultado, a Vida pode estar nos levando em uma direção nova, mais apropriada e benéfica.

Tudo acontece por uma razão ou *Tudo é perfeito* são crenças oriundas de uma decisão de ver a vida como uma sala de aula. Quando escolhemos nos tornar alunos da vida que aprendem e crescem com as experiências, tudo, na verdade, acontece por uma razão. Dessa forma, compreendemos que a maioria dos momentos difíceis possui um significado quando os usamos como algo vantajoso para nosso espírito.

Louise continua.

— Após essa primeira conversa, comecei a frequentar as palestras na igreja regularmente. Desejava aprender mais. Descobri que eles tinham um programa de treinamento de um ano e decidi me matricular. Não tinha nem mesmo o livro no início do treinamento, então só ficava ouvindo. Depois, fiz todo o programa de treinamento mais uma vez, dessa vez, com o livro. Foi um começo muito lento, mas persisti. Três anos depois, fui aprovada para ser um de seus praticantes licenciados, o que significava que eu estava capacitada para dar aconselhamentos na igreja.

— O que um conselheiro de igreja faz exatamente?

— Durante essas sessões, uma pessoa me procurava com um problema, uma doença ou dificuldade financeira, por exemplo, e eu os "tratava". O tratamento era nossa forma de orar. Nessa oração, reconhecemos a existência de um Poder Infinito e que somos parte dessa Inteligência. Declarávamos a verdade, o resultado que desejávamos, de uma forma positiva. Por exemplo, *Meu corpo é saudável e não tem doenças,* ou *Existe um fornecimento ilimitado de prosperidade para mim e minha família.* Em seguida, terminávamos a oração com "Assim seja". Daquele momento em diante, quando a pessoa pensava no problema, precisava usar esse medo ou preocupação como um gatilho para lembrá-la de reafirmar que a Vida estava tomando conta de tudo e ela estava bem.

Eu conhecia bem o conceito de conduzir um tratamento. Aos vinte e poucos anos de idade, encantei-me pelos textos dos professores do Novo Pensamento, tais como Catherine Ponder, Florence Scovel Shinn, Norman Vincent Peale e Robert Collier. E, quando tinha trinta e poucos anos, meu melhor amigo, Max, deu-me o livro do Dr. Emmet Fox, um ministro do Novo Pensamento, chamado *O sermão da montanha e o Pai-nosso*. Este livro mudou radicalmente minha maneira de pensar e me inspirou a estudar o trabalho de Fox mais intensamente. Na realidade, outro livro dele, *O poder do pensamento construtivo* tornou-se meu manual de vida por um ano. Estudei cada palavra e coloquei em prática esses ensinamentos sobre conduzir tratamentos para me conectar com a Fonte Universal de Poder disponível para todos nós.

— Adoro Emmet Fox — Louise diz. — Ele era um homem muito bom. Gosto muito de seu trabalho e o uso sempre em minha vida.

Voltando ao trabalho dela como conselheira, Louise me diz: — Quando terminei meu tratamento e comecei a trabalhar com pessoas, rapidamente acumulei um número grande de seguidores. Muitos conselheiros de igreja realizavam seu trabalho nos fins de semana ou à noite, mas em três semanas eu estava trabalhando em tempo integral. Foi incrível. Eu simplesmente atraía pessoas que desejavam trabalhar comigo.

— Como você explica isso? Por que tantas tão rapidamente?

— Não sei. Desde que coloquei os pés no caminho espiritual, sentia que não tinha controle algum sobre nada, nem precisava tentar controlar tudo. A Vida sempre me trouxe o que eu precisava. Simplesmente sempre reagia ao que aparecia. Muitas vezes as pessoas me perguntam sobre como fundei a Hay House. Elas querem saber todos os detalhes, desde o dia em que comecei, até hoje. Minha resposta é sempre a mesma: atendi ao telefone e abri minha correspondência. Fiz o que estava diante de mim.

Eu sabia exatamente sobre o que Louise estava falando. Embora estivesse seguindo meu próprio caminho espiritual desde os vinte e poucos anos, somente quando cheguei aos quarenta é que comecei a *responder* à Vida, ao invés de sempre tentar direcioná-la. Até os quarenta anos eu era alguém que levava muito a sério o estabelecimento de metas. Elaborava listas de objetivos profissionais, financeiros, afetivos e assim por diante; e criava planos de ação e mapas do tesouro para embasá-los. Analisando-os hoje, eles eram ferramentas maravilhosas que me permitiram controlar minha energia criativa, mas em um determinado momento, houve mudanças. Algo mudou dentro de mim. Embora eu ainda criasse mapas do tesouro (quadros visuais ou colagens de imagens que me faziam sentir bem e me inspiravam), tornei-me menos interessada em perseguir o sucesso e mais preocupada e atenta à direção que a Vida me indicava.

— Era assim que eu vivia — Louise continuou. — Era como se a Vida simplesmente tomasse conta de tudo, um passo de cada vez. Assim, o negócio começou primeiro comigo e minha mãe, na época com noventa anos, que era muito boa em fechar envelopes e lamber selos, e daí ele cresceu.

"Quando olho para trás, consigo ver como a Vida colocou exatamente o que eu precisava em meu caminho. Após meu divórcio, por exemplo, tive um namorado que era diretor de teatro. Ele fazia parte do Spanish/American Theater de Nova York e trabalhei com ele e com alguns dos atores de lá por cerca de um ano. Era teatro experimental, e acabei fazendo o que nunca imaginara fazer na vida. Quando esse diretor voltou para a Espanha, permaneci e acabei representando em uma peça, o que me permitiu obter minha carteira de membro da *Actors' Equity*. Dali em diante, do momento em que recebi minha carteira sindical — o que era algo muito importante —, tudo desapareceu. Ninguém mais me ligou e ninguém mais me quis. No entanto, uma vez que nunca pensara em fazer uma carreira teatral, não me importei."

— De que forma o teatro foi um exemplo da Vida dando-lhe o que você precisava?

— Foi uma preparação para falar em público, do que precisei mais tarde. Quando comecei a falar, não fiquei apavorada porque já me comportara de forma tola em cima de um palco. E as pessoas pareciam gostar. O que percebi foi que falar em público era a mesma coisa que representar em teatro, exceto pelo fato de que eu podia escrever meu próprio roteiro. Não precisava fazer o que os outros desejavam que eu fizesse; tinha de fazer o que *eu* desejava fazer.

— Então, você estava trabalhando como conselheira em tempo integral e parecia simplesmente atrair as pessoas para você. Como seu trabalho evoluiu desse ponto em diante?

— Um dos temas com que trabalhamos na "Escola da Ciência Religiosa" (eu a chamo de escola) são as doenças e seus equivalentes mentais, e fiquei fascinada com essa ideia. Lembro-me de fazer muitas anotações e, em um determinado momento, fiz uma lista do que descobri em livros, ideias que tive e o que via nas pessoas com quem trabalhava, e a chamei de lista. Mostrei-a para alguém em minha turma, e a mulher disse: "Louise, que incrível! Por que você não transforma isso em um livreto?"

Então, preparei esse pequeno livreto que tinha 12 páginas e coloquei uma capa azul nele. Chamei-o de *What Hurts* [O que dói], mas, no fim das contas, ele ficou conhecido carinhosamente como "o livrinho azul". Ele contém uma lista de doenças, os padrões mentais que podem estar contribuindo para cada doença e um tratamento curto para curar os padrões negativos. Ainda me lembro de procurar o Dr. Barker, o diretor da escola, e de lhe mostrar o que fizera. Ele disse: "Ah, Louise, que meigo, muito bom. Quantos livrinhos você imprimiu, uns cinquenta?" E eu respondi: "Não, imprimi cinco mil." E ele: "O quê? Você está louca! Você nunca vai conseguir vender cinco mil livrinhos!"

"A razão para imprimir cinco mil foi porque descobri com o gráfico da igreja que, quanto maior o lote, mais barato é o custo de cada unidade. Então, mandei imprimir cinco mil exemplares, e eles custaram 25 centavos cada um. Cobrei um dólar. No entanto, não tinha a intenção de ganhar dinheiro, queria apenas compartilhar informações. Mas, por fim, *vendi* todos os cinco mil exemplares."

— Então, o fato do Dr. Barker achar que você era louca não a intimidou?

— Não. Fui em frente. Quando recebi os livrinhos azuis, enviei um exemplar juntamente com um formulário de compra para todas as igrejas metafísicas que consegui encontrar e várias delas compraram mais. Em seguida, algumas pessoas encomendaram um exemplar aqui e ali. As vendas foram aumentando gradualmente. No primeiro ano, ganhei 42 dólares. Eu estava tão orgulhosa de mim mesma por ter um livro! Aquilo tinha surgido do nada para mim. Não sabia que era capaz de fazer algo assim e, em dois anos, vendi cinco mil deles. Foi quando mudei tudo.

"Eu ia à livraria da igreja e observava as pessoas. Percebi que se alguém pegava meu livro, essa pessoa, em geral, o comprava. Mas a maioria não o pegava, então percebi que ele precisava de um título melhor. Mudei o nome para *Cure seu corpo* e ampliei o material. Já naquela época, as pessoas me enviavam cartas com perguntas sobre saúde e vida. Eu sentava na frente de uma versão primitiva de um processador de texto, pensava sobre o que haviam escrito, e meus dedos começavam a digitar. Descobri que, sempre que respondia uma carta, recebia uma resposta dizendo 'Como você sabia disso?! Como é que você sabia disso?!', e isso me dava mais confiança para dizer o que dizia. Mais tarde, deixei a igreja e desenvolvi meu próprio processo de trabalhar com pessoas."

— De que forma seu trabalho como conselheira mudou após você deixar a igreja?

— Eu fazia o que denominei de terapia de curta duração, cinco ou seis sessões, porque ou você entendia o que eu estava falando e sua vida começava a mudar ou você não entendia e não adiantava gastar o seu dinheiro ou o meu tempo. Algumas pessoas não entendiam. Elas compareciam uma ou duas vezes e pensavam que tudo aquilo era uma estupidez. Mas se conseguisse *entender* ou, pelo menos, trabalhar com o que estava sendo dito, você veria sua vida mudar para melhor.

"Tínhamos nossa sessão e, no final, eu os fazia deitar e colocava uma música. Usava Steven Halpern porque a melodia não me entedia e é bem tranquila. Em seguida, pedia que o cliente fechasse os olhos, respirasse fundo e relaxasse o corpo da cabeça aos pés ou dos pés à cabeça. Por fim, eu fazia um tratamento para a pessoa. Gravava em uma fita cassete que eles levavam para casa. Se voltassem, sempre pedia que a trouxessem novamente para que eu pudesse adicionar materiais. Então as pessoas ficavam com uma fita cheia de mensagens positivas que eu desejava que ouvissem todas as noites antes de adormecerem para reforçar o tratamento. Todas sabiam que, no momento em que parassem para ouvir a fita, conseguiriam relaxar e ouvir apenas palavras positivas."

— Então você estava desenvolvendo sua própria maneira de trabalhar com os clientes e publicou o primeiro livreto. O que aconteceu depois?

— Bem, foi bem por volta dessa época que soube que estava com câncer. Claro, fiquei apavorada, como todo mundo. Você fica aterrorizada quando recebe esse diagnóstico. E lembro-me de ligar para o meu professor e gritar: "Eric! Eric! Eles disseram que eu tenho câncer!" Ele apenas disse: "Louise, você não pode ter feito todo esse trabalho em prol de si mesma para morrer de câncer. Vamos fazer uma abordagem positiva." E isso imediatamente me acalmou. Ele era alguém em quem eu confiava e acreditava, e eu sabia que ele estava ao meu lado. Daquele momento em diante começou a minha cura.

— Mas, ao trabalhar com indivíduos, você deve ter ouvido histórias de pessoas que se sentiram melhor ou estavam se curando por causa das suas orientações. Isso não lhe deu alguma paz de espírito para se ajudar a lidar com a situação?

— Sim, mas uma coisa era enxergar mudanças positivas na vida de outras pessoas, outra bem diferente era eu mesma acreditar nisso, agora que enfrentava um diagnóstico que ameaçava a minha vida. Percebi que a Vida estava me dando uma oportunidade de provar para mim mesma que aquilo que eu ensinava realmente funcionava.

— Então, você recebeu o diagnóstico de câncer e começou a praticar em si mesma?

— Realmente foi maravilhoso, porque tudo que eu precisava apareceu no meu caminho assim que tomei a decisão de me curar. Encontrei um nutricionista que não ia me tratar a princípio porque diziam que o único tratamento do câncer era a quimioterapia. Ele tinha receio de me oferecer uma abordagem diferente. Lembro que ele me disse para ir para a sala de espera e sentar lá por algum tempo. Ele consultou mais alguns pacientes e depois me convidou a voltar ao consultório. Começamos a conversar e ele descobriu que eu era um membro da Igreja da Ciência Religiosa. Só que ele frequentava a igreja também e, de repente, tudo mudou. Ele me aceitou como paciente e aprendi muito sobre nutrição, sobre o que eu não sabia nada naquela altura. Minha dieta não era muito boa na época.

"Após o nutricionista, encontrei um bom terapeuta e mergulhei em aspectos de minha infância que precisavam ser curados. Gritei muito e esmurrei travesseiros para descarregar minha raiva. Também aprendi que perdoar tinha muito a ver com a cura e que eu precisava praticar o perdão. Eu precisava fazer uma limpeza."

— Eu gostaria de falar sobre perdoar por um minuto — interrompi. — Sei que você teve um passado violento e me pergunto se o trabalho de desintoxicação emocional que você estava fazendo com o terapeuta ocorreu *antes* do início do processo de perdoar. Pergunto isso porque frequentemente descubro que as pessoas se apressam para perdoar na esperança de evitar os sentimentos dolorosos que surgem quando lidamos com traição, perda ou abuso de todos os tipos.

— Sim, precisei sarar primeiro — Louise respondeu. — O que percebi, e sobre o que pensei muito, foi o fato de que meus pais foram lindos bebezinhos. Eu precisava examinar como eles passaram desse lugar de inocência para um em que me maltratavam. Tanto quanto pude, juntei as peças que conhecia das histórias deles (as histórias que foram contadas, pelo menos) e percebi que meus pais foram criados em circunstâncias terríveis. Se você entrar no passado de qualquer uma das pessoas mais horrendas do mundo, sempre encontrará uma infância das mais terríveis. Algumas pessoas, como eu, acabam desejando ajudar outras e algumas desejam se vingar. Mas você pode não se vingar nunca. Consegui perdoar meus pais porque entendi a vida deles.

— Então, para se curar do câncer, você uniu a ajuda de um nutricionista e de um terapeuta e a prática do perdão. O que mais?

— Quando me coloquei na posição em que sabia que podia ser curada, parecia que tudo que eu precisava vinha até mim. Coisas simples começaram a acontecer. Por exemplo, ouvi que a reflexologia dos pés era uma forma poderosa de ajudar a limpar o corpo das toxinas. Uma noite, enquanto assistia a uma palestra, decidi sentar na fila de trás, muito embora sempre sentasse na da frente. Nem dois minutos se passaram e um homem chegou e se sentou ao meu lado. Ele era reflexologista. Quando descobri que ele fazia consultas domiciliares, compreendi que eu estava destinada a encontrá-lo. Então, pedi que ele viesse a minha casa três vezes por semana. Era parte do que eu precisava. Lembro-me da primeira vez em que ele trabalhou em meus pés tentando remover aquelas toxinas, eles pareciam feitos de vidro.

— Então, sua cura envolveu um processo holístico de trabalho com o corpo, com a mente, seus pensamentos e emoções?

— Sim. Seis meses mais tarde, voltei ao médico e o câncer havia sumido. Sumido. Naquele momento, meus sentimentos mais profundos, minha intuição, me dizia que ele havia sumido, mas eu ainda desejava obter a confirmação do médico. Quando tivemos a certeza, senti que tudo pode ser curado se você está disposto a trabalhar para valer.

Apreciei o reconhecimento de Louise de que a cura de seu câncer foi um processo holístico — um processo que envolveu sua mente, seu corpo e suas emoções. E não simplesmente que a crença em "ter pensamentos bons" faria o câncer desaparecer.

— Não, é um todo — ela diz. — Se você se coloca em uma posição em que sabe que pode ser curada, a ajuda certa virá até você. Daí em diante, você precisa estar disposta a fazer o trabalho.

— O que é preciso fazer para se colocar em uma posição de atrair o que é necessário para se curar?

— Você precisa primeiro mudar o modo de pensar sobre o problema. Todos nós temos ideias sobre curas e sobre o que deve ou não funcionar. Precisamos mudar o nosso pensamento de *Isso não pode ser feito* para *Isso pode ser feito. Eu só preciso descobrir como.* Sempre me disseram que a palavra *incurável* significava que algo não pode ser curado por qualquer meio *externo* no presente momento, então precisamos passar para dentro. O que, claro, significaria mudar seu modo de pensar. Você também precisa desenvolver a autoestima; precisa acreditar que merece ser curada. Se você consegue desenvolver esse sentimento na forma de uma crença e de uma afirmação fortes, então a Vida lhe trará o que você precisa para manifestar a cura.

— Então, se alguém estivesse lendo estas palavras agora mesmo e lidando com algum problema grave de saúde nesse exato momento, que tipo de afirmações você sugeriria para colocar essa pessoa no estado mental correto?

— Eu começaria com o seguinte:

Eu me amo e me perdoo.
Eu me perdoo por permitir que [meu medo, meu ressentimento, minha raiva ou qualquer outro sentimento negativo] faça mal ao meu corpo.
Mereço ser curada.
Tenho o direito de ser curado(a).
Meu corpo sabe como se curar.
Coopero com as necessidades nutricionais de meu corpo.
Alimento meu corpo com refeições saudáveis e deliciosas.
Amo cada centímetro do meu corpo.
Vejo água transparente e refrescante fluindo por meu corpo e levando consigo todas as impurezas.
Minhas células saudáveis ficam mais fortes a cada dia.
Confio que a Vida auxiliará minha cura de todas as formas.
Toda mão que toca meu corpo é uma mão curadora.
Meus médicos estão espantados com a rapidez com que meu corpo está se curando.
Todos os dias, de todas as maneiras, estou ficando cada vez mais saudável.

Eu me amo.
Estou seguro(a).
A Vida me ama.
Estou curado(a) e inteiro(a).

— Então, enquanto curava o câncer, você continuou a se encontrar com pessoas?

— Sim, e não contei a ninguém sobre o meu diagnóstico, a não ser para o meu professor e para as pessoas que me apoiavam diretamente. Não queria ser influenciada pelo medo dos outros. Não desejava me desviar do meu rumo. Quando recebi a notícia de que o câncer havia desaparecido, comecei a reavaliar minha vida e tomei a decisão de deixar Nova York. Morara lá por trinta anos e estava farta do clima e dos invernos. Queria voltar para onde houvesse sol e flores o ano inteiro, então vim para a Califórnia.

— E você se instalou em Los Angeles?

— Isso mesmo. Durante os primeiros seis meses, fui muito à praia. Tinha a sensação de que logo estaria muito ocupada e não teria tempo para ir à praia. Eu também levei o *Cure seu corpo* para todas as reuniões metafísicas que consegui encontrar em Los Angeles e, se fosse apropriado, eu dava um exemplar a alguém. No fim, nenhuma das reuniões me fez querer retornar. Elas não tinham nada para me oferecer. Comecei a tentar fazer alguns contatos, no entanto, e gradualmente passei a atrair alguns clientes.

— Assim, de alguma forma, você estava recomeçando do zero. Você manteve contato com seus clientes em Nova York?

— Sim, mantive contato com eles por telefone enquanto construía uma nova vida para mim em Los Angeles.

"Havia uma livraria maravilhosa em West Hollywood chamada Bodhi Tree. Levei meu livro lá várias vezes, mas eles não se interessaram. Mas logo a Vida começou a enviar pessoas à loja, que diziam: 'Quero aquele livrinho azul'. Metade delas não sabia o título ou o meu nome, mas sabiam o suficiente para pedir pelo livrinho azul. A loja finalmente fez essa conexão e me ligou para encomendar seis exemplares. Assim que desliguei, peguei o carro e voei para lá, para entregá-los pessoalmente. Durante o primeiro ano, todas as vezes que recebia um pedido, o entregava à livraria em mãos, e descobri que eles estavam vendendo cada vez mais. Essa também foi a maneira como as pessoas me conheceram, e ao meu trabalho, e começaram a procurar por minha ajuda.

"Enquanto eu passava a trabalhar mais com clientes individuais, também comecei a oferecer cursos para turmas pequenas, em geral com cerca de seis pessoas. Pequenas palestras e aulas que as pessoas descobriam através do boca a boca. Com o tempo, minha plateia expandiu, e cheguei a ter 350 participantes em meus seminários. Acreditava no que ensinava, e aqueles que frequentavam estavam realizando grandes mudanças e obtendo bons resultados. Então, pensei que se pudesse colocar essa experiência no papel — o que estava aprendendo com meu trabalho — eu poderia ajudar um número muito maior de pessoas. Mas não tive tempo. Então, uma mulher que havia sido minha cliente em Nova York veio me visitar e me deu dois mil dólares por ter ficado muito satisfeita com o trabalho que eu tinha feito para ajudá-la a mudar sua vida. Decidi que aquele era o momento!

"Eu me dei seis meses para escrever o livro. Reuni informações dos meus clientes, de meus seminários e das histórias que tinha ouvido e comecei a colocá-las todas em um livro, juntamente com o conteúdo de *Cure seu corpo*. Foi assim que *Você pode curar sua vida* começou. Lembro que, depois da publicação, coloquei uma pilha de livros em cima de uma mesa em um seminário e joguei alguns trocados em uma tigela, e as pessoas apareceram e compraram sem qualquer intervenção minha. Eu tinha muito pouco dinheiro na época, por isso não podia imprimir quantidades grandes dos livros, mas assim que os já impressos eram vendidos, eu imprimia mais."

— Então, foi a conclusão da primeira edição de *Você pode curar sua vida* e seu trabalho bem-sucedido com clientes que ampliou seu raio de ação e o tamanho de sua plateia?

— Sim, e a palavra se espalhou para muito além de onde eu ensinava. Em um dado momento, fui à Austrália sozinha. Alguém havia me convidado para dar uma palestra grátis em uma sexta-feira à noite e depois um seminário durante o fim de semana. Quando cheguei ao local do evento na sexta, havia mil pessoas. Pensei: "De onde todas essas pessoas vieram?! O que estão fazendo aqui? Como souberam sobre mim?" A Vida meio que tomou conta de tudo isso.

Protegida pela confiança cada vez maior de que a Vida a estava guiando, o trabalho e a fama de Louise galgariam um patamar totalmente novo quando a epidemia da AIDS surgiu em meados da década de 1980, como ela explica agora:

— Havia poucos homens gays na minha clínica, e um dia alguém me telefonou e perguntou: "Louise, você estaria disposta a formar um grupo de soropositivos?" Eu não sabia o que faria, mas respondi: "Sim, vamos nos reunir e ver o que acontece." Então, começamos com seis pessoas e, no dia seguinte, um homem voltou e disse que naquela noite passada tinha conseguido dormir pela primeira vez em três meses. Em seguida, a notícia se espalhou rapidamente.

"Eu não tinha noção alguma do que estava fazendo, mas naquela época, sabia que também ninguém mais tinha. Não era como se houvesse pessoas brilhantes fazendo muito pelas pessoas com AIDS e, em determinado momento, eis que surge a boba aqui. Estávamos todos no mesmo barco. Decidi que só faria o que sempre fiz: focar na libertação do ressentimento, ajudar as pessoas a se amarem e motivá-las a praticar o perdão; as coisas simples da vida.

"Com esse grupo específico, sabia que estávamos lidando com indivíduos que sentiam um ódio imenso por si mesmos, mais do que a maioria das pessoas, e também com todos os preconceitos que a sociedade tinha contra eles. A população gay tinha todos os problemas que todas as pessoas têm com os pais, além de serem frequentemente renegados por eles. E, em seguida, claro, eles eram considerados uma abominação perante Deus. Como diabos você vai ter qualquer tipo de autoestima quando é forçado a ficar ouvindo coisas desse tipo? É impossível. Então, lá estava eu, esta criança ferida, que fora abandonada pelos próprios pais, ajudando aqueles homens que também foram abandonados. Eu os entendia. Entendia as origens deles."

Parecia que a Vida os aproximara, muito por causa da imensa compaixão e compreensão de Louise. Que dádiva para aqueles homens!

— Bom, tudo estourou em 1987, quando apareci no *The Oprah Winfrey Show* e no *The Phil Donahue Show* na mesma semana — ela me contou. — Os dois shows souberam do que eu estava fazendo com a AIDS e queriam que eu falasse sobre o assunto. Levei comigo cinco rapazes que estavam reagindo bem, e fizemos o show da Oprah primeiro. Ela foi maravilhosa, deixando-nos transmitir nossa mensagem, que era tratar todas as questões pertinentes ao amor, não temer uns aos outros e focar em nosso amor próprio.

"Sempre quis manter o foco no que era positivo. Quando começava a trabalhar com esses homens, minhas primeiras palavras eram: 'Não vamos sentar aqui e dizer *Isso não é horrível?*' Já sabíamos que era horrível e eles poderiam ficar dizendo isso em qualquer lugar. Mas se me procurassem, usávamos uma abordagem positiva. Todos que tivessem qualquer novidade que fosse positiva, ou técnica que fosse positiva, podiam compartilhá-la."

— Então as pessoas souberam que podiam contar com apoio, empatia e algum tipo de experiência boa?

— Sim, todos tinham de compartilhar, e não havia preconceito algum. E, à medida que mais encontros eram realizados, mais experiências boas eu tinha para eles. Lembro quando alguém nos doou seis mesas de massagem. Os homens as carregavam até o local todas as quartas-feiras à noite e nós as instalávamos. Pedíamos a todos que faziam Reiki ou massagem para ficarem em pé perto da mesa para que as pessoas pudessem receber um tratamento energético. Não as chamávamos de "mesas de cura", as chamávamos de "mesas de energia". Para muitos dos sujeitos era a única vez em que alguém os tocava durante a semana inteira. Isso significava muito para aqueles homens. Nosso foco era simples: sentir-se bem. Minhas ideias sempre foram simples. Parece que quanto mais simples se é, melhor as coisas funcionam.

"Aparecer nos shows da Oprah e do Phil Donahue na mesma semana realmente nos colocou na vitrine. Os poucos telefones estavam constantemente ocupados, e *Você pode curar sua vida* passou 13 semanas na lista dos mais vendidos do *New York Times*. De repente, eu tinha uma empresa."

— Então, *esse* foi o momento em que você percebeu que realmente tinha um negócio?

— Nunca disse que desejava ser empresária, mas lembro de dizer-me muitos anos antes que, se algum dia tivesse uma empresa, a chamaria de Hay House. Então, lá estava eu. Primeiro, tinha o livrinho azul, depois *Você pode curar sua vida* e, em seguida, duas fitas de meditação, uma para a manhã e uma para o anoitecer. Tinha quatro produtos. Primeiro, fiz tudo que pude sozinha, mas quando fiquei sobrecarregada demais contratei alguém para me ajudar. Depois, quando fiquei ainda mais ocupada, contratei outra pessoa; e o negócio cresceu muito, muito devagar daí em diante. Começou como uma pequena Hay House. Logo eu tinha cinco ou seis pessoas trabalhando comigo. Em um Natal, lembro-me de dar a cada uma delas cinquenta dólares, porque essa quantia era tudo que eu tinha para dividir.

"Eu administrava a empresa em minha casa, em um prédio de apartamentos e, em dado momento, um casal de vizinhos reclamou, então precisei me mudar. Mudei para outro edifício, que não era muito distante, e vi que havia uma firma de contabilidade do outro lado do corredor. Estávamos em um momento em que precisávamos de um contador decente, então contratei a firma para nos ajudar a preparar os registros financeiros e a colocar os impostos em ordem. Mais tarde, percebemos que custaria menos ter um funcionário em tempo integral, então acabamos contratando um dos empregados deles. Mais uma vez a Vida me trazia exatamente o que eu precisava para crescer e ajudar mais pessoas. Antes de partir em uma viagem, achei que tínhamos decidido contratar um homem chamado Michael. Mas, quando voltei, descobri que, em seu lugar, Reid Tracy fora contratado. Reid é hoje presidente e diretor-executivo da Hay House. Ele acabou sendo o homem perfeito para a função."

— Estou notando um tema, Louise. Você consistentemente fala que tudo cresce devagar.

— Sim. Hoje tantas pessoas desejam um sucesso rápido. Mas quando estamos no caminho espiritual e reagindo àquilo que a Vida nos apresenta, penso que o trabalho mais poderoso que fazemos acontece gradualmente, ao longo do tempo. É quase como se não percebêssemos sua ocorrência. Olhamos para o passado e pensamos: "Minha nossa, olha só tudo isso!".

Além do sucesso calculado e consistente, comecei a perceber outros temas importantes e recorrentes enquanto ouvia a jornada espiritual de Louise:

- *Simplicidade* — focar em passos pequenos, simples e controláveis, ao invés de fazer algo complicado.
- *Otimismo* — depositar atenção e energia nas soluções ao invés de focar nos problemas.
- *Paciência* — vivenciar a jornada plena e conscientemente, ao invés de correr para atingir um resultado específico.
- *Confiança* — aprender a confiar na Vida ao enxergar a perfeição e as oportunidades de crescimento em todas as nossas experiências.
- *Crescimento* — ver a vida como uma sala de aula, onde usamos nossas experiências como catalisadores para a mudança e a realização pessoal.
- *Serviço* — focar mais na forma de como podemos motivar melhor e ajudar os necessitados, ao invés de nos perdermos em nossa visão individual e na busca pelo sucesso.
- *Ação* — Ter o comprometimento de mostrar-se e passar pelas portas que a Vida abre para nós durante nossa jornada.
- *Fé* — estar disposto a se arriscar e continuar em frente sem saber o resultado.
- *Magnetismo* — desenvolver e mobilizar a capacidade de atrair o que precisamos ao nos colocarmos (e nos mantermos) no estado de espírito correto.

Tenho uma última pergunta para Louise antes de encerrar nosso primeiro encontro:

— Você acredita que a Vida nos envia continuamente sinais sutis, e se simplesmente prestarmos atenção e fizermos o que está diante de nós, provavelmente encontraremos o caminho certo?

— Acredito que esse pensamento manterá você ocupada — ela respondeu. — Há muitas pessoas que precisam de metas na vida, uma meta de um ou cinco anos, mas nunca fui assim. Não estava realmente tentando fazer algo que era bem definido ou com foco estreito. Minha pergunta sempre foi: *Como posso ajudar as pessoas?* Fiz essa pergunta milhares de vezes e continuo a fazê-la hoje. Quando vejo todas as dificuldades que estão acontecendo no mundo, percebo que posso não ser capaz de fazer algo específico, mas o que *posso* fazer é a seguinte pergunta: *Como eu poderia ajudar?* e projetar a intenção com energia.

"Quando entendemos como isso funciona e acreditamos que funciona, simplesmente atendemos ao telefone e abrimos a correspondência."

Capítulo Dois

Criando uma vida excepcional

"Somos seres poderosos e criativos, determinamos nosso futuro com pensamentos e palavras". Essa é a primeira frase que Louise diz quando ligamos o gravador no início da sessão seguinte.

Estamos sentadas de frente uma para a outra, esticadas em um sofá perto da janela em meu quarto de hotel, olhando a cidade de Toronto abaixo. Faz uma tarde bonita e ensolarada. Enquanto penso sobre a observação de Louise, percebo que, em seu cerne, essa mensagem é uma das mais importantes: *Em nosso estado de espírito mais puro e positivo, somos criadores poderosos de tudo que é bom em nossas vidas.* Quando temos bons pensamentos, sentimo-nos bem. Quando nos sentimos bem, tomamos boas decisões. Quando nos sentimos bem e tomamos boas decisões, atraímos mais experiências boas para nossa vida. É *mesmo muito* simples... elegante... e verdadeiro.

A ciência nos diz que as ondas de energia são a "matéria" que compõe o Universo e que todo o ar que respiramos e todos os pensamentos que temos têm um efeito sobre algo ou alguém nele. A cadeira em que estou sentada, o teclado que uso para escrever e a linda árvore de magnólia em frente à minha janela são todos feitos de energia. A velocidade com que um objeto vibra determina a densidade da forma. Essa energia é diretamente influenciada pelos pensamentos que temos, pelas palavras que falamos e pelas decisões que tomamos. *Esses pensamentos, palavras e ações produzem sentimentos; e os nossos sentimentos tornam-se a moeda com que compramos nossas experiências.*

Enquanto Louise e eu conversamos sobre as formas como os pensamentos influenciam nossa vida, fico ainda mais convencida do quanto significativa e poderosa essa ideia realmente é. Muito do que ambas pensamos, ensinamos e praticamos em nossas próprias vidas está baseado em um conceito que ainda é visto por muitos como improvável, *New age,* ou simplista, na melhor das hipóteses.

Por um momento, imagino-me vasculhando a internet, minha biblioteca pessoal, ou as mentes de meus colegas da comunidade científica em busca de comprovações incontestáveis que sustentem minhas ideias. Mas aí, me lembro que não faço mais isso. Não defendo mais os princípios espirituais que têm guiado e moldado minha vida. Eles funcionam e eu sei disso. Tanto Louise quanto eu sabemos disso.

Enquanto continuamos nossa conversa naquela tarde, torna-se claro que Louise e eu, individualmente, fomos inspiradas por escritores do Movimento do Novo Pensamento, tais como Emmet Fox e Florence Scovel Shinn, que estimulam seus leitores a usarem o poder do pensamento para mudar e melhorar suas vidas. Ao aplicar esses princípios às nossas próprias vidas, Louise e eu pudemos manifestar oportunidades e experiências que acreditamos constituírem comprovação do enorme poder de nossos pensamentos. E essa comprovação tem reforçado nossas crenças.

Embora a ciência possa ignorar registros anedóticos de pessoas que sentiram o poder curador ou criativo do pensamento, as histórias são importantes. Elas são precursoras da mudança e catalisadoras de uma transfiguração na consciência que, em última análise, moldará a forma como vivemos. Histórias miraculosas e experiências extraordinárias frequentemente antecedem a compreensão. Elas nos convidam a abrir o coração e a mente, tornando possível acreditar que existe algo *além* de nosso pensamento limitado. E é essa a questão.

Saltos evolutivos de consciência frequentemente começam com ideias que parecem mágicas ou fantásticas. Pense apenas em como deve ter soado louca a ideia de ver imagens em uma caixa, na sala de estar, quando se ouviu falar pela primeira vez em "televisão". Uma ideia extravagante e aparentemente impossível mudou a cara da humanidade para sempre.

Uma pioneira no campo da relação mente-corpo, Louise tem desafiado seus leitores e público a expandirem seus pensamentos, sugerindo que eles tratem doenças físicas com ferramentas metafísicas. Ao invés de focar no tratamento de doenças apenas com métodos convencionais, ela convida as pessoas a também focarem em como elas *pensam* sobre suas doenças. Ao fazer a ligação entre a mente e o corpo, ela permite que outros descubram o que ela própria viveu: que os pensamentos realmente desempenham um papel integral na cura do corpo. Louise viu a comprovação disso repetidamente nos rostos sorridentes de homens e mulheres que curaram seus corpos e suas vidas. Essa é prova que basta para ela e para as muitas pessoas que ela ajudou no caminho da cura.

Com relação a controlar o poder do pensamento, nós simplesmente precisamos agir de formas novas e confiar que a Vida nos apresentará as provas. Portanto, com isso em mente, eu desisto da minha tentativa de provar que o pensamento influencia a realidade física e, ao invés disso, confio nos acontecimentos que presenciei em minha vida real. Uma vez tomada essa decisão, algo interessante acontece.

Enquanto fazia compras no supermercado com meu marido Michael, mais tarde naquela mesma noite, parei na seção de flores para examinar algumas orquídeas. Fiquei lá por um tempo estudando-as, absorvendo suas cores vibrantes e o formato elegante de suas pétalas. Enquanto examinava cada uma delas, pensei em comprar uma, mas mudei de ideia após ser distraída por uma pergunta de um cliente ao meu lado.

No dia seguinte, voltava para casa de uma reunião e encontrei uma grande caixa na minha porta de entrada. Arrastei-a para dentro, abri e descobri uma orquídea branca especial aninhada no interior da caixa. Imediatamente lembrei minha intenção na noite anterior e entendi esse presente como resultado do pensamento focado e positivo. Adoro flores e tive experiências suficientes como essa para saber que quando direciono minha energia para elas — mesmo de forma fraca —, esse movimento envia um sinal poderoso para o Universo que eu acredito que, de fato, as atrai para mim. Dessa vez, o sinal deve ter sido ainda mais forte do que o usual. Dois dias mais tarde, recebi uma entrega inesperada de um amigo que mora na costa oeste... Outra linda orquídea branca.

O que lançamos no mundo tem um impacto grande sobre o que recebemos de volta. A maioria de nós se depara com exemplos disso todos os dias, mas nunca faz a ligação. "Estamos constantemente trabalhando em cooperação com a Vida", Louise me lembra, "e desejamos inspirar as pessoas a praticar para que elas também possam vivenciar a comprovação em suas vidas. Precisamos simplesmente manter a mente aberta e confiar em nossa experiência". Eu não poderia estar mais de acordo. A qualquer momento, vemos, sentimos, enviamos e afetamos a energia em formas que raramente, se é que, de alguma forma, concebemos.

Alguma vez você já entrou em algum lugar e instantaneamente soube que alguém nas proximidades estava zangado? Ou olhou nos olhos de um estranho e se sentiu dominado por um sentimento de compaixão, solidariedade ou amor? Isso é o que acontece quando *recebemos* energia. Sintonizamos com o nosso ambiente, assimilamos as vibrações e reunimos informações sobre o que está acontecendo, geralmente sem a necessidade de discussões ou explicações.

Claro que nós também *emitimos* energia. Você alguma vez já teve medo de ficar doente e se perguntou: preocupar-me com isso pode mesmo fazer isso acontecer? Ou alguma vez você desejou tanto algo que pareceu que seu objeto do desejo teve alguma coisa a ver com o milagroso aparecimento dele em sua vida? Esses são exemplos do que pode acontecer quando *transmitimos* energia. Emitindo sinais na forma de pensamentos, palavras ou ações, energeticamente influenciamos nosso ambiente e, subsequentemente, nossas experiências.

Anos atrás, tive muita sorte de ter uma chance extraordinária de sentir o poder de transmitir energia.

Após um ano ativo de viagens e palestras, sentia-me cansada e minha criatividade estava bloqueada. Justamente naquela época, tinha agendada uma reunião de negócios no Miraval Resort & Spa, em Tucson, no Arizona. Antes de me dirigir para lá, contatei o amigo e colega Wyatt Webb, autor de *It's Not About the Horse*.

Wyatt criou o Equine Experience, em Miraval — um processo que usa as interações com cavalos como um espelho de como os seres humanos se relacionam uns com os outros e com o mundo. Eu confiava em Wyatt e sabia que ele era um guia criterioso e experiente que poderia me ajudar a compreender por que eu estava com bloqueio e como superá-lo.

No caminho para os estábulos, Wyatt e eu colocamos em dia as novidades sobre nossas vidas. Quando chegamos ao curral, reconheci um velho amigo. Próximo a uma cerca sob a sombra de algumas árvores estava Monsoon.

Monsoon tem 17 palmos de altura e pesa mais de quinhentos quilos. Embora eu conhecesse essa magnífica criatura das minhas visitas anteriores a Miraval, me vi ansiosa enquanto Wyatt me levava até o cavalo. Entrei no curral, curiosa para saber o que ele me ensinaria.

Wyatt e eu conversamos um pouco sobre como eu estava me sentindo e as mudanças que haviam ocorrido em minha vida nos últimos anos. Após ouvir-me e fazer um exame visual em meu corpo em busca de pistas (Wyatt é mestre em descobrir o que está acontecendo dentro de uma pessoa observando o que está acontecendo do lado de fora dela), ele anunciou:

— Você sabe o que está acontecendo, Cheryl? Acho que você está muito, muito zangada e que essa raiva reprimida está bloqueando sua energia.

Enquanto ouvia suas palavras, esforcei-me ao máximo para levantar uma barreira de proteção entre o meu amigo e as minhas emoções cada vez mais primitivas. Recuei e desviei o olhar. Mas eu sabia que precisava de ajuda e confiava muito nele para deixar que meus sentimentos aflorassem. Assim, eu me permiti chorar.

Wyatt ficou ao meu lado, uma testemunha silenciosa da minha dor e frustração. Quando parei, ele explicou delicadamente que minha raiva controlava meu poder e que se eu não me permitisse senti-la, nunca seria capaz de expressar completamente meu verdadeiro potencial durante a próxima etapa da minha vida.

— Você possui muito poder dentro do seu corpo — ele me disse, — e, a menos que esteja disposta a superar a raiva para conectar-se com a energia no "fundo do poço", continuará a se sentir travada.

Até hoje, o que aconteceu em seguida ainda me surpreende. Wyatt conduziu-me até Monsoon, que estava próximo a uma cerca farejando o chão. Nos aproximamos por trás do cavalo, cujo corpo estava paralelo à cerca. Quando estávamos a uns sete metros do traseiro dele, Wyatt disse:

— Quero que você use sua energia para movimentar aquele cavalo. Quero que Monsoon se vire completamente de forma que a cabeça dele fique de frente para nós.

— Você quer que eu mova o cavalo com a minha mente?

— Não — Wyatt respondeu. — Quero que você mova o cavalo com a sua energia. Feche os olhos, respire profundamente várias vezes e diga ao cavalo para *se virar*!

Fiquei absolutamente parada, fechei os olhos e foquei o mais forte que consegui para mover o cavalo. Em minha mente, continuei gritando: "VIRE! VIRE! VIRE!". Mas ele não se mexeu.

Wyatt chegou mais perto de mim. E, com sua fala direta, porém macia e com sotaque arrastado de caubói, disse:

— Pare de usar a cabeça, Cheryl. Use sua *coragem*. — Ele cutucou delicadamente meu estômago. — Mexa o cavalo *daqui*.

Fechei os olhos novamente determinada em não me deixar pressionar pelo tempo. A cada inspiração profunda, eu me imaginei criando uma massa crescente de intensa energia no profundo interior do meu abdômen. Em seguida, quando estava pronta, imaginei passar essa energia para fora de meu corpo na direção de Monsoon enquanto mantinha a intenção para que ele se *movesse*. Após algum tempo, ele levantou a cabeça, olhou em nossa direção e, em seguida, descreveu um círculo completo. Aquele cavalo estava agora olhando para mim, fitando diretamente os meus olhos.

Fiquei pasma, olhando fixamente para Monsoon. Em seguida, virei-me para Wyatt, que me olhou bem nos olhos e disse:

— Agora simplesmente imagine como esse tipo de poder pode beneficiar você e outras pessoas no mundo.

Nunca me esqueci daquele momento ou daquela mensagem. Somos todos máquinas especiais de comunicação. Cada um de nós é uma torre de rádio ambulante e falante, transmitindo e recebendo sinais de energia em todos os momentos de todos os dias. Como estrelas radiantes brilhando no céu noturno, vivemos e respiramos em um campo unificado de energia que nos conecta uns aos outros. Cada movimento ou pensamento casual ou aleatório entra nesse campo e o afeta de alguma forma.

Quando aprendemos a prestar mais atenção aos sinais que recebemos e enviamos, podemos controlar um vasto poder criativo que não só nos afeta, mas também a todos e a tudo ao nosso redor. Com a prática, podemos nos tornar mais confiantes na nossa capacidade de usar essa rede energética para tornar a vida melhor, ligando nosso transmissor — nossos pensamentos — a uma frequência mais positiva.

De volta ao meu quarto de hotel, em Toronto, Louise conta uma história que ilustra lindamente esse ponto.

— Eu dirigia para o escritório pensando em uma carta perturbadora que recebera mais cedo, naquele dia — ela disse. — Eu a ruminava, discutindo com o autor na minha cabeça. Mas então me contive. Parei e percebi que essa forma de pensar não estava me fazendo bem. Então, encostei o carro e comecei a me dizer o que precisava ouvir para me sentir melhor. Disse algo como:

Libero esse incidente com amor; acabou.
Olho com expectativa para meu momento a seguir, recente e novo.
Terei apenas experiências boas.
Sou recebida com amor onde quer que eu vá.
Amo a Vida, e a Vida me ama.
Tudo está bem, e eu também.

"Num piscar de olhos, voltei para um caminho positivo e segui em frente. Mais tarde, liguei o rádio e fui saudada com um trecho de música clássica envolvente e inspiradora que me fez sorrir de orelha a orelha. Eu sabia que uma mudança havia ocorrido. Cheguei ao escritório me sentindo muito melhor. Quando passei pela porta, um funcionário me cumprimentou com um "Eu adoro você". Ao chegar à minha mesa, havia um vaso de flores esperando por mim — presente da esposa de um funcionário. E descobri que um problema que precisava discutir com alguém em uma reunião mais tarde naquele dia havia sido inteiramente resolvido e que eu não precisava mais participar do encontro. Foi naquele momento que eu disse em voz alta: 'Obrigada. Obrigada. Obrigada.'"

Enquanto ouvia Louise compartilhar essa história, tomei nota da primeira instrução que ela se deu: "Comecei a dizer para mim mesma o que eu precisava ouvir para me sentir melhor." Que lindo exemplo de como *nosso primeiro e mais importante ato de cuidado conosco é cuidar de nossos pensamentos.* Quando o fazemos, todos se beneficiam.

Ao aproveitar o momento e dar a volta por cima com um diálogo interior amoroso, Louise enviou uma mensagem energética para a Vida, que respondeu de uma forma que não só a fez se sentir melhor, mas também enriqueceu as experiências dos que estavam ao seu redor.

Eu repito: seus pensamentos exercem uma influência direta sobre sua vida. É fácil se envolver em um debate sobre como esse princípio funciona, se ele funciona ou não, ou sobre a validade da noção de que o pensamento cria a realidade. Porém, debater essas ideias é como gastar energia preciosa discutindo sobre como o rádio funciona ao invés de simplesmente ligá-lo na estação para desfrutar de seu programa favorito, ou questionar a legitimidade da internet ao invés de usá-la para se comunicar ou obter informações. Nos dias de hoje, usar as ferramentas espirituais ao invés das intelectuais exige fé e uma mente aberta. As ferramentas espirituais tornam a vida mais fácil e mais gratificante.

— Uma vez, eu assistia a uma aula de Virginia Satir, uma pioneira em terapia familiar internacionalmente reconhecida — Louise me contou —, e ela falava sobre um estudo que fizera com alunos sobre formas diferentes de lavar louça. Ao analisar suas respostas, ela propôs 250 formas *diferentes* de lavar louça, e cada pessoa acreditava que a forma dela era a única de fazê-lo corretamente. Quando você fecha a mente para ideias inéditas inovadoras ou para formas novas de fazer algo, pode deixar de ver formas mais fáceis e superiores.

"Cheryl, você e eu estamos tentando conectar pessoas com uma forma mais fácil de viver uma vida excepcional. Quando compreendem o conceito e o colocam em prática — tendo pensamentos e tomando decisões que as fazem se sentir bem —, elas se colocam em um estado de fluxo com o Universo, e os milagres começam a acontecer. Então, elas conseguem todas as provas de que precisam. Coisas que nem elas mesmas imaginavam começam a acontecer."

Você é uma máquina espiritual extraordinária. Nesse momento, existem mais de cinquenta trilhões de células em seu corpo, todas trabalhando em conjunto, possibilitando que você leia esta frase. Suas células não discutem entre si. Elas não questionam como as coisas funcionam. E elas não se envolvem em um debate sobre quem é mais inteligente ou mais eficiente. Elas se alinham em uma harmonia belíssima para permitirem que a máquina chamada "seu corpo" funcione em sua capacidade máxima em qualquer momento. Que milagre!

Esse mesmo tipo de interação harmoniosa também ocorre em nosso mundo exterior. Todos os dias, nosso fluxo criativo de pensamentos, de palavras, de ações e de sentimentos trabalha em cooperação Divina com a energia do Universo para criar a nossa vida. Ao focar nossa energia de uma forma positiva, temos uma probabilidade muito maior de gerar experiências boas. É, de fato, simples assim.

No começo, controlar esse poder criativo e usar sua energia de uma maneira sábia pode ser um desafio. Afinal, a maioria de nós foi criada para viver com medo e pensar e agir na defensiva — procurando aquilo que não funciona, aquilo que pode dar errado, ou aquilo que não é bom em nossas vidas. É preciso assistir apenas a alguns minutos do noticiário, ou ler as manchetes de um jornal ou na internet para ver onde reside o foco coletivo. "Descubra os perigos ocultos em sua água", "Economia tem nova queda", "Dez razões para manter seus filhos sob completa vigilância"... Essas mensagens constantes que provocam medo podem afetar você de maneiras imperceptíveis. E, com o passar do tempo, você pode realmente ficar atraído por notícias negativas, conversas repletas de drama inútil e pensamentos prejudiciais repetitivos. Uma vez começado, esse ciclo não para sozinho. Você precisa ficar vigilante para poder tomar boas decisões e ter bons pensamentos, substituindo o ruim pelo bom a cada curva da estrada.

A imersão nessa energia atemorizante e depressiva perpetua a negatividade. Por exemplo, você pode se tornar obcecada pelo último *reality show* que mostra os piores aspectos das pessoas e começar a se ver cercada por indivíduos que estão sempre em algum tipo de crise. Ou pode ser envolvida em um drama no trabalho e começar a contribuir para o problema fofocando ou reclamando sobre o que não está dando certo em sua vida.

Sem perceber, desenvolvemos padrões de pensamento e comportamento que direcionam nosso transmissor de rádio para buscar *e* emitir sinais negativos que apenas geram mais negatividade e experiências difíceis em nossa vida. E esses padrões podem se tornar profundamente pessoais. Todos os dias, podemos ficar presos em um ciclo negativo e passarmos a nos rotular constantemente como imperfeitos, ruins ou indignos. Como Louise me explica agora:

— Quando você se odeia, diz para si mesma coisas vis, diz o quanto é feia ou evita espelhos e começa a se sentir muito desconfortável. Você se sente muito mal; não desfruta de nada no seu dia, e muito poucas oportunidades surgirão. Mas quando você faz algo tão simples quanto olhar no espelho e dizer para si mesma que se ama, mesmo quando for difícil fazê-lo ou quando não acreditar nisso, sua energia muda. Então, durante o dia, você se sentirá melhor e atrairá circunstâncias melhores. E coisas simples, porém simbólicas, acontecem, como conseguir uma vaga para estacionar onde geralmente não há nenhuma, ou pegar uma sequência de sinais verdes.

Fico pensando onde tudo começa.

— Como foi que nos distanciamos tanto desse poder para moldar nossas vidas? — eu pergunto a Louise.

— Na infância, somos criados desde o primeiro dia respondendo às palavras *pare* ou *não* — ela responde. — Essas são algumas das primeiras palavras que ouvimos. Tornou-se normal, embora não seja natural, que nos concentremos mais no que não podemos fazer, no que não nos é permitido fazer e nas crenças limitadoras que nos detêm e não em nosso verdadeiro potencial gigantesco. Há muitas e muitas pessoas neste mundo que começam suas conversas com algo negativo. Isso se tornou normal para elas. Elas passam pela porta, por exemplo, e cumprimentam você com: "Oh, meu Deus, quase tropecei nesses degraus." Após um tempo, esse comportamento torna-se uma segunda natureza. Elas nem mesmo sabem que estão fazendo isso. Vejo exemplos em todos os lugares.

"Algumas semanas atrás, eu estava em uma loja comprando roupas. Encontrei alguns itens que queria adquirir e, quando estava pronta para pagar, ouvi por acaso três mulheres — uma, no provador, outra em pé fora do provador e a que estava me atendendo — falando umas com as outras. Logo em seguida, a conversa mudou para alguma experiência negativa que havia acontecido, que as inspirou a começarem a contar histórias, uma mais negativa do que a outra. Peguei meu cartão e disse: 'Volto já. Não consigo lidar com tanta negatividade nesse momento.' Então, saí e voltei bem mais tarde. Perguntei à atendente: 'Aquela conversa já acabou?' Ela riu enquanto eu terminava de pagar. As pessoas são atraídas por experiências positivas. Essas mulheres não tinham ideia de que sua conversa negativa estava expulsando uma cliente da loja — e tenho certeza de que outros saíram sem nem mesmo dizer uma palavra."

— Então, continuaremos nossa jornada com uma ênfase no positivo? — pergunto com um sorriso.

— Você sabe, existem muitos professores maravilhosos, Dr. Wayne Dyer, Abraham, Dra. Christiane Northrup, que compartilham a mesma mensagem. Acho que o verdadeiro objetivo na vida é se sentir bem. Queremos dinheiro porque queremos nos sentir melhor. Queremos saúde boa porque queremos nos sentir melhor. Queremos um relacionamento bom porque achamos que nos sentiremos melhor. E, se pudéssemos simplesmente fazer com que nossa meta seja nos sentirmos melhor, eliminaríamos um monte de trabalho desnecessário. Como posso realmente me sentir bem neste momento? Que pensamentos, *neste exato momento*, me fariam sentir melhor? Essa é a pergunta que precisamos nos fazer constantemente.

Enquanto desligo o gravador e pego minhas coisas, penso: "Amém, irmã."

Capítulo Três

Como você começa o dia é como você vive sua vida

Passei a manhã andando por Covent Garden, em Londres. É o começo do outono e os artistas de rua e artesãos estão se preparando para se exibirem para as multidões. Adoro Londres. Adoro a diversidade; as pessoas gentis e educadas e a combinação deliciosa de moda, comida, lojas e cafés.

Louise e eu estamos aqui para um evento, e marcamos de nos encontrar à tarde para continuar a trabalhar neste livro. Estou muito ansiosa. Durante o curto período de tempo em que temos nos encontrado, minha vida já foi afetada de uma forma muito positiva. Presto mais atenção aos meus pensamentos ao longo do dia, por exemplo. E o tempo que levo para me dar conta de que estou ruminando algo desagradável está ficando cada vez mais curto. Também estou ponderando sobre minhas escolhas, tanto pessoais quanto profissionais, para ver se me sinto bem ou não quando uma decisão é tomada. Quando não me sinto bem, *não* está se tornando uma resposta automática. É maravilhoso crescer e aprender enquanto escrevo um livro...

Bato na porta do quarto de hotel de Louise e ela me recebe com seus olhos azuis brilhantes e um grande sorriso. Instantaneamente me sinto bem-vinda. Conversamos sobre a manhã e, em seguida, começamos a trabalhar. Aconchego-me no chão, em frente à mesa de centro, ligo o gravador e começo nossa sessão perguntando a ela sobre o que está pensando.

— Devemos ensinar as pessoas a como começar o dia — ela responde com intensa determinação. — A primeira hora da manhã é crucial. A maneira como você gasta esse tempo determinará sua experiência pelo resto do dia.

E lá vamos nós! A paixão de Louise é evidente, e rio alto quando essa mulher elegante começa a lição com algo como:

— Muitas pessoas começam o dia com "Ah, que merda! Mais um dia que tenho de me levantar, que droga!" Se a forma de você começar seu dia já é ruim, nunca terá um dia bom, não é possível. Se você faz o melhor que pode para ter uma manhã horrível, seu dia será horrível.

Enquanto a escuto falar, retorno aos meus vinte anos e ao relacionamento íntimo que tinha com o despertador. Naquela época, era uma briga de foice para ver quanto tempo eu conseguia ficar na cama antes de me arrastar até o trabalho. Não gostava muito da minha vida e certamente não ansiava por ir trabalhar.

Agora, sentada com Louise, penso sobre os milhões de homens e mulheres que batem no despertador todos os dias ou encaram cada manhã com temor. Sinto-me constrangida quando penso sobre a mensagem energética que isso envia ao mundo: *Não desejo acordar, Odeio o lugar para onde vou hoje,* ou *Preferia voltar a dormir a levantar e enfrentar minha vida miserável.* Pensamentos como esses só trazem mais miséria para as pessoas.

Uma grande virada acontece quando você percebe que a forma como começa o dia determina suas experiências ao longo dele. Curiosa para saber como Louise começa seu dia, peço que compartilhe comigo os detalhes.

— Tenho uma pequena rotina há anos. No momento em que acordo, aninho meu corpo mais ainda na cama, sinto a sensação da cama e agradeço por ter tido uma noite tão boa de sono. Fico assim durante alguns minutos, começando o meu dia com pensamentos positivos. Digo para mim mesma algo do tipo: *Este é um dia bom. Este promete ser um dia ótimo.* Depois, levanto, vou ao banheiro e agradeço ao meu corpo por trabalhar bem. Passo algum tempo me alongando. Tenho uma barra fixada no vão da porta do banheiro na qual me penduro, levanto os joelhos até o peito três vezes e depois me penduro nela. Descobri que me pendurar de manhã é ótimo.

Imagino Louise pendurada na barra do vão da porta do seu banheiro e a minha mente começa a vagar pela minha casa procurando o lugar perfeito para também pendurar uma barra. Acho a ideia muito divertida.

— Depois de me alongar um pouco, faço uma xícara de chá e volto para cama. Mandei fazer uma cabeceira especial, com um determinado ângulo para que eu possa me recostar nela enquanto leio ou escrevo. Tenho essa cabeceira há anos. Esse é um exemplo de algo que fiz para tornar meu quarto especial e confortável: um santuário. É um lugar muito agradável.

— O que mais torna seu quarto especial?

— Eu estar dentro dele — Louise respondeu rapidamente com um sorriso amplo e juvenil. Enquanto ambas rimos, fico tentada a chegar mais perto dela e beliscar as bochechas da garotinha que vejo naqueles olhos cintilantes. Mas, rapidamente reprimo minha criança interna e deixo Louise continuar.

— Quando volto para a cama, faço um pouco de leitura espiritual. Em geral, leio vários textos ao mesmo tempo.

Interrompo para perguntar o que ela está lendo naquele momento.

— Bem, mantenho meu livro *Heart Thoughts* comigo porque é fácil de ler alguns trechos curtos de uma só vez. Tenho também por perto o livro do Alan Cohen, *A Deep Breath of Life*. E agora mesmo estou relendo o de Florence Scovel Shinn, *O jogo da vida e como jogá-lo*. É um livro muito bom. Se sobrar tempo, depois de relaxar e ler, faço palavras cruzadas. Alongo meu corpo e alongo minha mente. É um ritual matutino. Depois começo a levantar.

A rotina matutina de Louise parece a forma perfeita de começar o dia, e me pergunto quanto tempo ela leva.

— Tento me dar duas horas antes de enfrentar as pessoas. Gosto de poder fazer tudo bem devagar — ela me diz. — Aprendi a não ter pressa. Às vezes, sento na cama e penso sobre o que comerei no café da manhã, algo delicioso e bom para o corpo, algo que realmente me dê prazer.

"Se houver uma atividade importante que eu precise fazer naquele dia, certifico-me de fazer muitas afirmações positivas a respeito dela e sempre as faço no tempo presente, como se a situação já estivesse acontecendo. Por exemplo, se tenho uma entrevista, digo para mim mesma: *Tenho certeza de que essa entrevista está indo maravilhosamente bem. As ideias fluem facilmente entre mim e a outra pessoa. A pessoa está muito feliz pela informação que estou lhe dando. Tudo caminha tranquila e naturalmente, e nós dois estamos satisfeitos.*"

Estou impressionada com a capacidade de Louise de ser positiva e tão otimista. Agora, passamos tempo suficiente juntas para eu constatar que seu humor é consistente. Essa mulher vive claramente em um mundo positivo que ela mesma construiu. Porque isso é tão incomum! Não consigo deixar de pensar se ela sente tristeza. Então, pergunto:

—Você já teve algum dia ruim, acordou de mau humor ou se sentiu deprimida?

Louise demora um pouco para refletir cuidadosamente sobre a minha pergunta antes de responder.

— Muito poucas vezes ultimamente — ela finalmente responde. — Pratico há muito tempo e estabeleci bons hábitos. Tudo é uma questão de prática...

Decidimos fazer um intervalo, mas, enquanto batíamos papo, mantivemos o gravador ligado só para o caso de uma eventual necessidade. Boa ideia. Ambas percebemos que, ao convidar as pessoas para pararem e refletirem sobre como elas se comportam durante momentos rotineiros do dia — o que elas dizem a si mesmas enquanto passam por esses rituais de vida —, estamos mobilizando um processo valioso de reprogramação do subconsciente.

Todos os dias, de pequenas formas, aprofundamos os sulcos dos pensamentos habituais que influenciam diretamente a qualidade de nossa vida por meio do que pensamos e dizemos a nós mesmos periodicamente. Quanto mais mudamos nosso monólogo interno para uma linguagem que serve a uma vida melhor, melhor se torna nossa vida. São os pequenos rituais diários que nos dão as maiores oportunidades de mudança.

— Muitas pessoas acham que precisam ir a algum lugar para calmamente se concentrarem em afirmações — Louise explica —, mas fazemos afirmações o tempo inteiro. Tudo que pensamos e dizemos para nós mesmos é uma afirmação. Precisamos estar conscientes do que dizemos e pensamos o tempo inteiro para que a vida melhore.

Ela então oferece exemplos das perguntas que precisamos fazer:

— Qual a primeira frase que você diz a si mesmo quando acorda de manhã? O que pensa enquanto está tomando banho? Quando está se barbeando? O que diz para si mesmo quando escolhe suas roupas, se veste, faz a maquiagem ou seca o cabelo? O que você diz à sua família enquanto faz o café da manhã ou apronta as crianças para a escola? Todos esses são momentos que podem ser bem aproveitados.

Nos últimos anos, passei a entender a importância de começar o dia de uma forma mais tranquila e predeterminada. Após apoiar meu marido, Michael, durante os quatro longos anos da sua doença, nos tornamos duas pessoas diferentes. Ambos adquirimos uma nova forma de apreciar a bondade, sendo carinhosos consigo mesmo e um com o outro. Permitimo-nos viver a vida com mais foco no conforto e no cuidado pessoal.

Após sofrer daquele tipo especial de fadiga que ocorre quando cuidamos de um ente querido por um tempo longo, não conseguia mais pular da cama como uma torrada pula de uma torradeira e mergulhar de cabeça em meu dia. Por muitos anos, estive em uma batalha perpétua com minha lista de tarefas, correndo desesperadamente para fazer tudo e poder finalmente relaxar e desfrutar a vida. Agora, relaxo e desfruto a vida *primeiro*.

Ouvir Louise descrever o começo do seu dia me encheu de ideias sobre como aprimorar ainda mais as mudanças que eu já havia feito na minha rotina matinal desde a doença do Michael. No momento, meu dia começa depois de eu descer e preparar uma xícara de chá. Levo-a para o solário juntamente com meu diário e minha caneta favorita. Mantenho um diário desde os 12 anos, e escrever se torna cada vez mais um ato importante de cuidado pessoal, tanto do ponto de vista emocional quanto criativo. Escrevo todos os meus pensamentos antes de concluir com uma página de afirmações positivas. Isso é uma maneira de encaminhar meus pensamentos na direção certa para aquele dia. Depois, às vezes, assisto a um vídeo inspirador, leio um trecho de um livro ou visito uma das minhas páginas favoritas na internet.

Meus gostos são ecléticos, adoro tudo, de biografias ou livros espirituais e inspiradores a histórias de interesse humano e as últimas novidades em termos de saúde, ciência e tecnologia. Também adoro vídeos engraçados! Esse intervalo de tempo se tornou vital para o meu bem-estar; esses são momentos em que minha alma pode ser inspirada, preenchida e alimentada novamente.

Assim como Louise, tenho feito o melhor que posso para evitar compromissos, reuniões ou conversas na parte da manhã. Quero tempo para poder estar ligada aos meus pensamentos e sentimentos. Comecei a marcar compromissos, trabalho no escritório, ligações telefônicas e similares para depois do almoço, para que minhas manhãs fiquem livres para escrever e para outros projetos criativos. Quando decido trabalhar mais cedo, procuro me certificar de que tenho espaço e silêncio para ficar concentrada em minhas prioridades máximas.

Reconheço que, para a maioria das pessoas, é um luxo poder passar a manhã dessa forma. No passado, sempre que eu andava a 150 quilômetros por hora (ou quando era funcionária de alguém e precisava chegar ao trabalho), tinha sorte de ter dez minutos só para mim. Mas até dez minutos podem fazer diferença.

Louise concorda:

— Precisamos começar de algum lugar. Se você é uma mãe ou um pai ocupado, que precisa aprontar as crianças para a escola, ou se tem que chegar ao trabalho bem cedo, continua sendo importante se dar algum tempo para começar o dia da maneira certa. Prefiro acordar mais cedo para ter um tempo adicional de manhã. Mesmo se você se der somente dez ou quinze minutos, isso já é bom; é a hora de se cuidar. Isso é absolutamente imprescindível.

"Nem sempre tive o tempo que tenho agora", ela continua. "Comecemos com pequenos passos. Quando você levanta, é importante fazer um ritual que a faça sentir bem, dizer algo para si mesma que a faça sentir bem. *A Vida me ama* é um bom começo. Dizer isso é muito encorajador. Depois, certifique-se de que o que você come no café da manhã é estimulante, delicioso e bom para você. Alimente seu corpo com uma boa refeição matutina, e sua mente com pensamentos estimulantes e bons."

Assim que sair da cama, você pode usar o poder das afirmações para iniciar o dia da melhor maneira possível. Eis alguns exemplos do que você pode dizer a si mesmo durante a manhã:

Ao acordar e abrir os olhos:

Bom dia, cama, obrigada por ser tão confortável. Amo você.

Querido(a) [seu nome], este é um dia abençoado.

Tudo está bem. Tenho tempo para tudo que preciso fazer hoje.

Ao se olhar no espelho do banheiro:

Bom dia, [seu nome]. Amo você.

Amo muito, muito você.

Há experiências incríveis esperando por você hoje.

Você parece ótima(o).

Você tem um sorriso lindo.

Sua maquiagem [ou cabelo] está perfeita(o).

Você é minha mulher [ou homem] ideal.

Vamos ter um dia maravilhoso hoje.

Amo você imensamente.

No chuveiro:

Amo meu corpo, e meu corpo me ama.
É um prazer imenso tomar banho.
A água é muito boa.
Sou grata pelas pessoas que projetaram e instalaram
este chuveiro.
Minha vida é muito abençoada.

Ao usar o banheiro:

Libero com facilidade tudo de que meu corpo não
precisa mais.
Ingestão, assimilação e eliminação estão todas em
ordem divina.

Ao se vestir:

Amo meu guarda-roupas.
É tão fácil me vestir.
Sempre escolho as melhores roupas para vestir.
Sinto-me confortável em minhas roupas.
Confio em minha sabedoria interna para escolher a
roupa perfeita para mim.

Louise observa que começar o dia de forma positiva pode também ser divertido e extremamente importante quando se tem filhos.

— A manhã é frequentemente a hora de embate entre pais e filhos. Se pudermos estabelecer o hábito de fazer afirmações positivas com as crianças enquanto elas se vestem ou enquanto estiverem tomando o café da manhã, não apenas estamos preparando a família inteira para ter um bom dia, mas também ensinamos nossos filhos uma valiosa habilidade para a vida.

Sou imediatamente lembrada de minha amiga Nancy, que transformou as manhãs da família de sua irmã com um jogo simples. Quando Nancy estava negociando com o sobrinho de cinco anos para ver se ele pararia de chupar o dedo até sua próxima visita, sua sobrinha decidiu que queria participar também.

A sobrinha de Nancy odiava as manhãs e resistia a se levantar para ir à escola. "Isabel era mal-humorada e nervosa ao acordar," minha amiga me contou, "e sua teimosia criava muito estresse para toda a família. Perguntei-lhe o que era preciso para ela se tornar uma menina feliz de manhã, e ela respondeu: 'Setenta e sete dólares'. Então, aproveitei o momento e disfarcei um novo ritual positivo como se fosse um jogo e fiz um acordo com ela."

Nancy disse que lhe daria os 77 dólares em sua próxima visita, seis semanas mais tarde, se ela conseguisse aprender a gostar das manhãs. "Eu disse a ela: 'Você vai ser chamada apenas uma vez de manhã e depois levantará, cumprimentará o novo dia com um sorriso e se vestirá. Você só vai se sentar para tomar café da manhã depois de se arrumar para ir para a escola." Isabel concordou com o jogo, e o resto da história foi um sucesso inesperado.

Nancy ainda me contou que, dois meses depois, esse novo ritual matutino transformou a vida da família da irmã. "Isabel levanta na hora, está feliz e desce pronta para tomar café da manhã e só precisa ser chamada apenas uma vez. E o engraçado é que ela nem pediu os 77 dólares."

Embora isso tudo possa ter começado com um jogo para Isabel conseguir dinheiro, ele se transformou em um novo hábito cotidiano que transformou a maneira como a família inteira começa o dia. Parece que uma família mais feliz foi pagamento suficiente para essa garotinha.

Louise defende veementemente esse tipo de trabalho com crianças.

— Precisamos dar a elas formas que as ajude a se sentirem bem. Os pais podem começar com mensagens simples pelas manhãs, que os filhos podem repetir. Mensagens tais como: *É muito fácil me vestir. Adoro me vestir. O café da manhã é sempre divertido. Estamos todos tão felizes em nos ver. Adoramos comer o café da manhã juntos. Ele faz meu corpo se sentir bem.*

"Os pais podem até mesmo pedir que cada membro da família diga algo que gosta em si mesmo. Ou podem colocar afirmações em uma vasilha e escolher uma para servir como foco para toda a família durante o dia. Isso pode se tornar um ritual matutino para casais, famílias, colegas de quarto e assim por diante. Cada pessoa pode até mesmo escolher uma experiência que gostaria de ter naquele dia e criar uma afirmação para ela."

Imagino como o mundo seria diferente se criássemos nossos filhos com a capacidade de lidar com seus pensamentos e ações de uma forma positiva. Se investirmos até mesmo um décimo da energia que colocamos nos estudos, esportes ou atividades extracurriculares no desenvolvimento dessa habilidade tão importante para a vida, poderemos, de fato, mudar a consciência do planeta de uma forma palpável.

Quando o fim do nosso tempo em Londres se aproximava, percebi o quanto eu estava motivada com a perspectiva de ficar mais atenta ao começo de meu dia. Digo a Louise que estou determinada a prestar mais atenção em meus pensamentos e às minhas ações desde o momento em que acordo.

— Não precisamos fazer mudanças imediatamente, — ela observa [eis aí essa intuição novamente — sem dúvida ela percebe que exijo muito de mim mesma!]. —Escolha apenas um ritual para a manhã e comece daí. Depois, quando você dominar esse ritual, escolha outro e continue praticando. Não se sobrecarregue. Lembre-se, a ideia é se sentir bem.

E sinto-me muitíssimo bem. Quando deixo o quarto de Louise, sinto-me muito abençoada por estar trabalhando neste livro. Ao contrário de experiências anteriores, em que me senti torturada pelos prazos de entrega ou pela procrastinação, neste momento, sinto-me inspirada e agradecida. Mas como poderia ser diferente? Afinal, estou envolvida em uma aula especializada com uma mulher que sabe como viver bem — excepcionalmente bem.

Capítulo Quatro

Como você vive o dia é como vive sua vida

O inverno está chegando. Em geral, essa é uma época em que me sinto um pouco triste e deprimida por causa da diminuição da luz solar e pelo frio e a neve que se aproximam. Mas as coisas mudaram. Acordo esta manhã com um sorriso. Ao olhar pela janela do meu quarto, o sol atinge meus olhos, aquecendo meu rosto e pescoço. Repito um ritual começado poucas semanas atrás: "Obrigada, querida cama, por mais uma noite maravilhosa de descanso."

Meu gato, Poupon, aconchega-se a mim em sua posição habitual debaixo de meu braço, ouve minhas palavras e estica a pata para tocar meu rosto. A vida é boa. Pela primeira vez em muito tempo, sinto-me entusiasmada com o inverno. Espero ansiosa pela beleza selvagem das nevascas aqui no nordeste, pelo silêncio pesado que invade nossa casa assim que a neve assenta e pela oportunidade para me isolar e escrever este livro.

Antes de me levantar da cama, olho nos olhos de Poupon:

— Sim, meu doce anjo, hoje vai ser um dia muito, muito bom.

Estou prestes a visitar Louise em sua casa, em San Diego. Uma palestra de última hora está nos dando a chance de passarmos alguns dias trabalhando juntas. Estou de partida para a próxima etapa desta aventura!

Está um dia muito quente e ensolarado em San Diego, o que faz essa cidade parecer estar a um mundo inteiro de distância das temperaturas abaixo de zero de minha casa em Massachusetts. Viajei por horas e desejo ardentemente tomar uma xícara de chá e comer uma boa refeição.

O carro me deixa em frente a uma construção majestosa no centro da cidade. Dirijo-me à porta da frente, puxando minha mala, e sou recebida por um porteiro prestativo que me acompanha até o elevador que me levará ao apartamento de Louise.

Assim que a porta do elevador vagarosamente se abre para um pequeno saguão de entrada, deparo-me com uma decoração asiática elegante e música suave tocando ao fundo. Toco a campainha e Louise me saúda com aquele sorriso inconfundível.

— Bem-vinda, querida, entre!

Ao passar pela porta, entro em outro mundo.

— Essa música está sempre tocando? — pergunto, olhando para trás, para o saguão, intrigada com a ideia de recepcionar visitas com os sons calmantes.

— Sim — ela responde serenamente enquanto fecha a porta com a suavidade de um monge. Ela sinaliza com a mão para que eu a siga enquanto olho ao redor com admiração. O lugar parece um lindo spa.

A casa de Louise é grandiosa, a vista é épica e a decoração é clara, alegre e repleta de cores fortes. Há uma pequena fonte de água borbulhando suavemente na entrada por trás de uma fileira de plantas verdes viçosas. Ao subir uma escada ampla, fico cara a cara com uma estátua gigante de Quan Yin, a deusa da compaixão. Ela parece se sentir à vontade ali.

A área da sala de estar é completamente aberta, com janelas grandes com vista para o centro da cidade de San Diego e para o Balboa Park. Imediatamente dirijo-me para um jardim de orquídeas impressionante localizado acima de um majestoso piano de cauda.

— Uau, há quanto tempo você tem isso? É lindo.

— Foi presente de alguém, ganhei faz um tempo. Só troco as orquídeas quando é necessário.

Ao olhar ao redor, pela amplidão do ambiente, observo que as orquídeas são um tema. Vejo-as em todos os lugares.

Louise mostra o meu quarto, e concordamos em jantar cedo, assim que eu conseguir desfazer a mala e me arrumar.

Enquanto me instalo na sala de visitas, penso nas mudanças que fiz em minha rotina matinal desde minha última conversa com Louise. Na volta de Londres, a caminho de casa, comecei a observar os pensamentos habituais associados às minhas tarefas matinais e fiquei surpresa com o que aprendi sobre mim mesma. Algo que descobri, por exemplo, foi um padrão de focar em problemas enquanto tomava banho. Nem mesmo começava a lavar o rosto ou colocar xampu no cabelo e minha mente se concentrava em um e-mail difícil que eu precisava escrever, um pedido que eu queria recusar ou a aproximação de um prazo de entrega que precisava ser cumprido. Durante o banho, eu virava e revirava a situação em minha mente em um esforço fútil para encontrar uma solução para que pudesse me sentir melhor. Ao invés disso, chegada a hora de me secar, a ideia de enfrentar o dia me deixava ansiosa.

Esse hábito me seguia do chuveiro até outras tarefas, tais como escovar os dentes, escolher as roupas do dia ou me vestir. O diálogo interno sutil e negativo que acompanha a descoberta de uma nova ruga ou imperfeição do corpo muitas vezes se expandia em conversas mais intensas em minha mente sobre os desafios da velhice ou a necessidade de perder peso. Obviamente eu tinha trabalho a fazer.

A beleza da atenção concentrada é que ela interrompe um padrão. Concentrar a atenção em nossas conversas mais íntimas — o que nos dizemos todo o santo dia — é uma forma de se tornar presente diante da verdade. As mensagens que nos enviamos todos os dias aprofundam um sulco na mente, dando-lhes mais poder. E elas também transmitem energia ao mundo, atraindo de volta para nós exatamente tudo em que focamos.

Assim que percebi quão amplamente difundidas e arraigadas eram essas formas de pensar, tomei providências para mudá-las. Comecei a afirmar as mudanças que queria fazer, com um foco no amor próprio e na aceitação. Comecei a escrever, a falar e a afixar afirmações pela casa. Pequenos lembretes que diziam: *Mudar meus pensamentos é fácil e confortável; Adoro melhorar minha rotina matinal* e *É uma alegria falar para mim mesma de forma gentil e carinhosa.* Eu até mesmo coloquei um desses lembretes no chuveiro, um que afirmava: *Sou banhada por bons pensamentos durante o dia inteiro!*

Depois de usar muitas das afirmações que Louise e eu discutimos durante nossa última conversa, pude observar mudanças em apenas algumas semanas. Esses novos pensamentos estavam substituindo os antigos; e minhas manhãs estavam se tornando mais pacíficas e agradáveis. Estou programando um começo muito melhor para meu dia, e é bom... *muito* bom.

Louise e eu decidimos andar até um restaurante na vizinhança para jantarmos. Enquanto esperamos pela comida, eu a atualizo do que está acontecendo na minha casa: minha nova atenção concentrada e as mudanças que fiz em minha vida desde nossa última visita.

— Isso é bom — ela me diz. — Você está começando a prestar atenção. Precisamos nos tornar cientes do que habitualmente nos dizemos ao longo do dia. É importante começar a ouvir. Se você observa que disse algo mais do que três vezes, provavelmente você está dizendo isso demais. Para algumas pessoas, "Ah, que bosta" pode ser um tema muito repetitivo. Se as pessoas tomam as rédeas de seus dias, elas tomam as rédeas de suas vidas.

Eu certamente estava passando por essa experiência.

— Vamos conversar sobre como criar o dia — Louise sugere. — Você pode começar prestando atenção em como sai de casa. O que você pensa ou diz quando abre a porta para sair? O que você diz quando fecha a porta? O que você diz para si mesma enquanto desce as escadas ou entra no carro? Você enfrenta o dia com entusiasmo e empolgação, ou com preocupação e estresse? A hora de sair de casa é um bom momento para planejar seu dia, programar o que quer que aconteça, ao invés de deixá-lo à própria sorte.

Penso em minhas rotinas e em como certamente não estou acostumada a programar meu dia. Ao contrário. Em geral, passo pela porta e desço as escadas para a garagem, focada em se desliguei tudo ou não, ou se guardei tudo com o que meu gato poderia se atracar enquanto estou ausente. Ao entrar no carro, penso em uma lista mental de tarefas e paradas que preciso fazer para poder planejar uma rota que me permita evitar os congestionamentos.

— Vamos usar a direção como um exemplo de uma das maneiras de começar seu dia de uma forma diferente — Louise propõe. — Primeiro de tudo, faça do seu carro um amigo.

Converse com ele com simpatia. Eu frequentemente digo: "Oi, querido, como está? Que bom vê-lo. Faremos uma boa viagem até o escritório." Você pode inclusive dar um nome para seu carro. Eu dou. E, quando saio de casa, afirmo: *Estou cercada por bons motoristas*, e certifico-me de enviar amor para todos os carros ao meu redor. Eu sempre gosto de sentir que há amor em todos os lugares na rua.

Louise menciona outras afirmações para eu usar enquanto dirijo, e rapidamente as anoto:

> *Minha viagem é muito fácil e tranquila.*
> *Meu percurso segue em paz e mais rápido do que eu*
> *esperava.*
> *Sinto-me à vontade em meu carro.*
> *Sei que esta será uma linda viagem até o escritório*
> *[ou para a faculdade, a loja ou local semelhante].*
> *Abençoo meu carro com amor.*
> *Envio amor para todas as pessoas na rua.*

Que forma de viajar! Enquanto ouço as afirmações sobre a maneira de dirigir de Louise, penso na ideia de enviar amor para todas as pessoas na rua. Mais uma vez, simplesmente imagine um mundo onde todos os motoristas agem dessa forma. Embora possa parecer uma ideia maluca, não consigo deixar de ficar inspirada por uma visão do futuro: um mundo onde cada ser humano compreende a própria natureza espiritual e, assim, usa o poder criativo de sua mente para encher o mundo de boas intenções. Uma vez que o pensamento influencia a realidade, simplesmente pense em como o planeta mudaria. Talvez a visão não seja tão absurda afinal...

O reconhecimento de que o que colocamos no mundo importa, de que nossa energia exerce uma influência e contém possibilidades, significa que abençoar os filhos e todas as crianças da escola, na hora de deixá-los lá, tem consequências. Enviar amor para o funcionário dos correios ou para o empregado da mercearia tem consequências. Estar predisposta a ter um ótimo dia com seus colegas no trabalho tem consequências. Cada uma dessas ações simples e pessoais carrega em si a promessa de tornar o mundo um lugar melhor ao focar nossa energia na direção certa.

— Há muitas oportunidades para inundar sua mente com bons pensamentos ao longo do dia — Louise diz. — E isso pode ser muito simples. Durante o dia, sorria e diga a você mesma frases como as seguintes:

Amo minha vida.
Amo este dia.
A Vida me ama.
Adoro quando o sol brilha.
É maravilhoso sentir o amor em meu coração.
Tudo que faço me dá alegria.

"Esses pensamentos criarão uma experiência totalmente nova para você".

Louise e eu decidimos pensar em outras formas de encher o dia com bons pensamentos. Eis algumas das ideias que propomos:

Na cozinha:

Louise me diz:

— Sempre agradeço ao meu fogão por funcionar bem quando cozinho.

Assim, quando estiver na cozinha, adquira o hábito de agradecer aos seus utensílios. Agradeça à sua máquina de lavar pratos, ao liquidificador, à chaleira, à geladeira etc., e use essas afirmações enquanto estiver lá:

*Olá, cozinha, você é meu centro de alimentação. Sou
grata a você!
Você e todos os utensílios me ajudam muito no preparo
de refeições deliciosas e nutritivas.
Há uma abundância de alimentos bons e saudáveis em
minha geladeira.
Consigo fazer uma refeição deliciosa e nutritiva com
facilidade.
Você me ajuda a ser alegre.
Amo você.*

Durante as refeições:

Uma vez que todos precisam comer, você pode associar
afirmações positivas a cada refeição:

*Sou muito grata por ter esse alimento maravilhoso.
Abençoo esta refeição/este alimento com amor.
Adoro escolher alimentos nutritivos e deliciosos.
A família toda está desfrutando desta refeição.
A hora das refeições é um momento para dar risadas.
Rir é bom para a digestão.
Planejar refeições saudáveis é uma alegria.
Meu corpo ama a forma como escolho os alimentos
perfeitos para cada refeição.
Tenho muita sorte de poder selecionar alimentos
saudáveis para minha família.
Agora, estamos todos alimentados e preparados para o
dia à nossa frente.
Nesta casa, todas as refeições são harmoniosas.
Reunimo-nos com grande alegria e amor.
A hora das refeições é um momento alegre.
As crianças amam experimentar novos alimentos.
Meu corpo se cura e se fortalece a cada mordida que dou.*

Enquanto estiver lavando roupa:

Escolha três ou quatro de suas afirmações favoritas deste livro, leve-as para a máquina de lavar e secar e repita-as para si mesma enquanto lava as roupas.

Durante o dia:

Reserve trinta minutos para relaxar os ombros e fechar os olhos. Inspire profundamente pelas narinas enquanto conta até quatro. Segure a respiração contando até dois e, em seguida, expire vagarosamente pela boca contando até quatro. Finalize abrindo os olhos e enviando pensamentos amorosos para alguém.

Além disso, habitue-se a fazer duas perguntas durante o dia: *Como posso me fazer feliz neste momento?* e *Que pensamentos me fazem feliz?*

Quando estiver no computador:

Transforme as senhas de seu computador em afirmações positivas.

Conto a Louise sobre um amigo que começou a fazer isso após passar por um divórcio difícil. Ele percebeu que muitas de suas senhas estavam associadas a sua ex-mulher, então ele as transformou em mensagens positivas. Imagine como você se sentiria bem ao entrar em um programa com algo como "euamoavida" como sua senha.

— Você também pode usar afirmações para aprender algo novo ou para trabalhar uma área específica de sua vida — Louise acrescenta. — Anos atrás, eu me lembro de afixar afirmações como: *Prospero em qualquer direção que eu vá* e *Minha renda está constantemente aumentando.* Sou extremamente visual, e é bom vê-las todos os dias. Um tempo depois, elas se tornam verdadeiras.

— Então, precisamos afixar afirmações em todos os lugares possíveis?

— Sempre há tempo para uma afirmação — ela concorda com um piscar de olhos. — Eu até tenho uma afirmação em frente à porta do meu banheiro que diz: *Eu abençoo e desejo prosperidade a todos no mundo e todos em meu mundo me abençoam e me desejam prosperidade.* Eu a coloquei lá faz bastante tempo.

Louise e eu tivemos um jantar agradável e, quando terminamos, fomos para casa e decidimos nos deitar cedo.

Acordo me sentindo descansada e vou até a cozinha para fazer uma xícara de chá enquanto recito algumas afirmações silenciosamente. Sento-me no sofá da sala de estar, esperando o sol nascer por trás de uma serra de montanhas que vejo à distância. Tudo é muito confortável ali.

Um pouco mais tarde, Louise desce as escadas com um dos livros que mantém na mesinha de cabeceira, *A Deep Breath of Life*, de Alan Cohen. Ela me entrega o livro.

— Este é o livro que mencionei da última vez em que conversamos. Dá uma olhada. — Quando estou prestes a virar a primeira página, ela me instrui: — Abra em uma página qualquer e veja o que o livro tem a dizer a você. — Em seguida, ela sai.

Fecho os olhos, respiro fundo e abro em uma página no meio do livro. Sinto um arrepio imediato ao ler o título do texto do dia: "Um lugar para Deus." O verbete é sobre a criação de um altar em sua casa, um lugar onde a presença de Deus pode ser lembrada e honrada. Fico impressionada pelo momento de sincronismo. No último mês, andei conversando com meu marido sobre transformar um pequeno quarto em nossa casa para criar um altar — algo do qual realmente sentia falta desde que nos mudamos de nossa residência anterior, onde tínhamos um. Vejo esse trecho no livro de Alan como um sinal claro de que necessito torná-lo uma prioridade.

Junto-me a Louise em sua cozinha e comento sobre o número de locais para sentar em seu apartamento.

— É importante prestar atenção a como montamos nossa casa ou nosso ambiente de trabalho, onde passamos a maior parte do tempo — ela explica. — Adoro lugares diferentes para sentar e vistas diferentes para olhar. Tenho um divã no quarto para ler e um lugar na janela para pensar. Certifico-me de ter espaços no jardim, na cozinha, na sala de estar e no meu quarto. Eu me certifico até mesmo de ter um lugar confortável para sentar enquanto trabalho com minha assistente, Shelley, no escritório dela.

É evidente que Louise organiza as coisas em sua vida com objetividade e atenção aos detalhes. Durante anos, aprendi a tolerar meus ambientes porque não tinha condições financeiras para mudar ou porque estava tão exausta e subjugada que não tinha energia alguma para isso. No início de meu treinamento como consultora, meu primeiro mentor enfatizou a importância de viver e trabalhar em um ambiente estimulante. Foi quando comecei a levar essa ideia mais a sério. Eliminei a desordem, mantive minha casa e meu escritório limpos e organizados e me livrei de tudo que não amava ou precisava.

No entanto, vendo a atenção de Louise com os detalhes — assegurando que todas as vistas são agradáveis, sejam do local em que está a mesa de trabalho ou a da cozinha, por exemplo —, essa ideia atinge outro patamar. Às vezes, é necessária apenas uma pequena mudança para nos enviarmos uma grande mensagem: *Eu amo você e me importo com o que você precisa.*

Louise me leva em um *tour* pelo andar superior de sua casa, onde estão os escritórios. Quando entramos no dela, vejo afirmações estrategicamente dispostas em torno da mesa de trabalho e o que parece ser um espelho para maquiagem ligado a uma luminária de sanfona ao lado de seu computador.

— É aqui que você se maquia?

Louise se vira e olha um pouco surpresa.

— Ora, por que eu me maquiaria na minha mesa de trabalho? É para o exercício do espelho. Tenho vários espalhados por toda a casa para eu poder me enviar mensagens positivas durante o dia.

Raramente acontece um momento de constrangimento prolongado na companhia de Louise. Seu jeito tolerante e amável torna impossível ficar se sentindo tola por muito tempo. Então, sentindo-me um pouco boba, peço-lhe para contar-me mais sobre como ela usa os espelhos.

— Fazer o exercício do espelho é muito, muito importante — ela responde. — É preciso apenas um segundo para dizer "Olá, garota" ou "Você está bem" ou "Não é divertido?". É *muito* importante se enviar pequenas mensagens durante o dia todo. Quanto mais usarmos os espelhos para nos cumprimentarmos, aprovar-nos ou nos apoiarmos durante os momentos difíceis, mais desenvolveremos um relacionamento privado mais profundo e mais agradável. O espelho precisa se tornar um companheiro, um amigo, ao invés de um inimigo.

Lembro os dias em que a ideia de se tornar o melhor amigo de si mesmo soava um bordão motivacional tolo, mas agora sei que é crucial que o façamos. A maioria de nós é muito exigente consigo mesmo. Ao analisar minha vida passada, vejo que por anos errei ao acreditar que poderia realmente me motivar a fazer mudanças positivas me punindo — a boa e velha mentalidade da chicotada. Agora vejo tudo isso de forma muito clara:

essa maneira de reforçar crenças limitadoras que nos mantêm amedrontados e paralisados.

Ao incorporar o exercício do espelho na minha vida, aprendi uma lição valiosa no que se refere a fazer valer meus direitos em qualquer situação. Nos últimos anos, o hábito de olhar para um espelho e falar comigo de uma forma gentil, carinhosa e incentivadora teve um imenso impacto no meu relacionamento comigo mesma. Passei a saber — *realmente saber* — que sou a amiga mais confiável de mim mesma e que eu me apoiaria independentemente do que fizesse, se cometesse erros e tudo o mais. Essa prática me libertou para sair da minha zona de conforto e expandir minha vida de formas novas e estimulantes.

— Quando algo bom acontece em sua vida, você quer ir até o espelho e dizer: "Obrigada, obrigada. Foi ótimo! Obrigada por ter feito isso" — Louise continua. — Ou se algo muito ruim lhe acontece, você tem vontade de ir até o espelho e dizer: "OK, eu amo você. Isso vai passar, mas amo você e esse sentimento é eterno". Precisamos nos apoiar com nossas palavras ao invés de nos depreciarmos. Depreciamo-nos exageradamente. Essa é a voz de outra pessoa que ouvíamos quando éramos crianças.

Ah, sim, a voz dos "pais internalizados", os guardiões ou figuras de autoridade de nosso passado que projetavam em nós os próprios medos ou a autodepreciação. Muitos de nós crescemos ouvindo sobre o que não havíamos feito certo, por exemplo, ou fomos ensinados a nos proteger minimizando nossos talentos e dons para evitar ouvir coisas como "Você está ficando muito convencida!" A prática de promover o crescimento por meio de críticas constantes é universal, e terminamos internalizando essas vozes criticadoras e transformando-as em nossas próprias vozes. Nossos pais fizeram o mesmo, a propósito. As vozes criticadoras passam de geração a geração, e a verdade é que, ao ouvi-las ou obedecê-las, impedimo-nos de expressar nosso total potencial.

— É por isso que você precisa ser seu maior incentivador — Louise diz. — Você não pode esperar que outras pessoas o façam. Se você se incentiva, fica mais fácil experimentar algo novo.

Após nossa lição do espelho, Louise me conduz de volta ao andar de baixo, onde continuamos nossa discussão sobre como dominar o dia. Pego meu gravador e o *laptop* e coloco-os na mesa da cozinha, onde posso observar Louise preparando o café da manhã. Quero falar sobre como levar atenção concentrada e boas intenções para o trabalho. Afinal, a maioria de nós passa grande parte da vida no trabalho. E é lá que nos são proporcionadas muitas das oportunidades para confrontar o pensamento negativo e para praticar as ideias e ações do pensamento positivo. Descubro que Louise tem muito a dizer sobre o assunto.

— Há alguns anos, escrevi um texto sobre abençoar nosso trabalho no qual compartilhei algumas coisas positivas que as pessoas podem fazer para se sentir melhor em seus empregos — ela me conta. — Há anos vejo muitas pessoas melhorarem a qualidade de seu dia de trabalho independentemente de se sentirem presas, enfadadas ou desprezadas.

Ela enfatiza:

— *A ferramenta mais poderosa que posso compartilhar com você para transformar qualquer situação é o poder de abençoar com amor.* Não importa onde você trabalha ou como se sente com relação ao local, o abençoe com amor. Quero dizer, literalmente. Não tenha apenas vagos pensamentos positivos. Ao contrário, diga: "Abençoo este trabalho com amor." Encontre um lugar onde possa dizer isso em voz alta. Há muito poder em dar voz ao amor. E não pare por aí. Abençoe tudo em seu local de trabalho com amor: o equipamento, os móveis, as máquinas, os produtos, os clientes, as pessoas com quem você trabalha ou para quem trabalha e tudo o mais associado com seu trabalho. Isso funciona maravilhosamente bem.

Dedico um momento para pensar sobre o que abençoaria em meu próprio escritório, aqueles poucos itens que me servem todos os dias: minha mesa favorita, meu computador, as janelas que fazem um enquadramento lindo de uma paisagem igualmente linda, ou as canetas com que escrevo durante o dia todo. Então, penso no que há de maior e mais importante: minhas assistentes, Chris e Nicole, mulheres tão gentis e amáveis; minha querida contadora, Robin, que lida com todos os detalhes com elegância e tranquilidade; e minha *webmaster*, Terry, que realmente é perita no que faz. Sinto-me sortuda por poder colaborar com indivíduos que respeito e admiro porque sei, por experiência, que os relacionamentos no local de trabalho podem ser muito desafiadores. Ao longo dos anos, recebi milhares de pedidos de ajuda sobre como lidar com colegas de trabalho, funcionários ou empregadores insatisfeitos, então peço a Louise para compartilhar seus pensamentos sobre esses relacionamentos.

— Se você passa por momentos difíceis com alguém no trabalho, pode usar sua mente para mudar a situação — ela começa. — Afirmações funcionam muito bem nesse caso. Experimente: *Eu tenho um relacionamento maravilhoso com todos no trabalho, inclusive com* _____. Todas as vezes que pensar na pessoa, faça as seguintes afirmações: *Estou cercada de colegas de trabalho maravilhosos. É uma grande alegria trabalhar com todos os meus colegas de trabalho* ou *Temos momentos muito divertidos trabalhando juntos.* Não importa o que esteja acontecendo, isso é o que você deve continuar dizendo. E, quando se vir dizendo qualquer outra frase, simplesmente pare e diga: "Não, não, eu tenho um relacionamento maravilhoso com todos os meus colegas de trabalho." Sempre que se lembrar deles, sobretudo daqueles com quem você tem problemas de relacionamento, foque nos aspectos positivos deles ao invés de focar no que é ruim. Você ficará surpresa com a melhora no relacionamento. Tenho visto coisas que você não poderia imaginar que aconteceram. Simplesmente pronuncie as palavras e deixe o Universo organizar os detalhes.

Pergunto a Louise se ela pode contar algo que ocorreu em sua vida que demonstre esse tipo de milagre, com relação aos bons relacionamentos com colegas de trabalho. Ela tem uma história muito boa na ponta da língua.

— Lembro-me de ter tido um cliente chamado George, anos atrás, que ia começar um novo trabalho: ele era pianista em uma boate. Durante nosso encontro, ele disse: "Estou entusiasmado com meu novo trabalho, mas o único problema é que o chefe tem uma reputação de maltratar os empregados. Todos têm medo dele. Eles se escondem dele até mesmo me dizem que o odeiam. Não sei o que fazer.

"Então, eu lhe disse: 'OK, em primeiro lugar, quando estiver chegando perto do edifício, abençoe-o com amor. Se houver elevadores ou portas, abençoe-os com amor. Se você tiver um vestiário, abençoe-o com amor. Abençoe todo o lugar com amor, inclusive todos os funcionários dele e afirme que você tem um relacionamento maravilhoso com seu chefe. Continue afirmando: *Tenho um relacionamento maravilhoso com meu chefe*. E sempre que sair do edifício, continue a abençoá-lo com amor.'

"Dentro de seis semanas, ele me procurou, dizendo: 'Todos estão surpresos. O chefe realmente gosta de mim. Ele sempre me procura, me pergunta como estou e elogia o meu trabalho. E ele tem até me dado, de forma disfarçada, umas notas de vinte dólares de vez em quando [o que era bastante dinheiro na época]. Todos os outros funcionários estão impressionados. Eles ficam me perguntando o que estou fazendo de diferente.'

"Você vê, funcionou para George. O chefe era azedo com todos os outros, mas maravilhoso com ele."

Enquanto ouço Louise me contar a história, percebo que esse é um bom exemplo do quanto é fácil se deixar levar pela história dos outros. Da mesma forma que George, muitos de nós entram em algo novo — um emprego, uma vizinhança, um grupo de voluntários ou uma sala de aula — e se deixam levar pelas histórias das pessoas com quem nos relacionamos ao invés de programar os tipos de experiências que mais gostaríamos de ter. Louise explica isso:

— Às vezes, arrastamos nosso passado conosco. Se você odeia o trabalho que tem agora, por exemplo, corre o risco de levar esse ódio com você quando for para um novo emprego. Por melhor que seja o seu novo emprego, você logo se verá odiando-o também. Sejam quais forem os sentimentos ou pensamentos que você tenha agora, eles serão transportados para o lugar novo. *Se você vive em um mundo de descontentamento, você o encontrará onde quer que vá. Somente se mudar sua consciência é que você começará a ver resultados positivos em sua vida.*

"Se você absolutamente odeia seu emprego atual, experimente esta afirmação: *Sempre amo o lugar onde trabalho. Tenho os melhores empregos. Sempre sou apreciado.* Se você o fizer, então um novo emprego, quando chegar, será bom e você poderá de fato gostar dele. Ao fazer essas afirmações continuamente, você criará uma nova lei pessoal para si, e o Universo retribuirá na mesma moeda. Os iguais se atraem, e a Vida sempre procura formas de levar o melhor para você se você assim o permitir.

"Se almeja um novo emprego, então, além de abençoar seu emprego atual, experimente esta afirmação: *Libero este emprego para outra pessoa, que será tão feliz quanto eu sou aqui.* Esse emprego específico era ideal para você na época em que o conseguiu. Agora, sua autoestima aumentou, e você está pronto para buscar algo melhor. Suas afirmações são:

Aceito um emprego que faz uso de todos os meus talentos e da minha capacidade criativa.
Este emprego é muito satisfatório, e é uma alegria ir trabalhar todos os dias.
Trabalho com pessoas que me valorizam.
O lugar onde trabalho é iluminado, claro, arejado e repleto de entusiasmo.
Meu novo emprego está em um local perfeito e ganho bem, pelo que sou profundamente grata."

— Assim, estamos nos colocando em situações boas, em primeiro lugar, ao nos colocarmos em situações boas em nossas mentes?

— Sim, você deve tentar ser o tipo de pessoa que faz afirmações positivas e ouve os amigos que têm problemas, ao invés de ser o amigo que *tem* os problemas. Você está se colocando em experiências de vida a cada vez que tem um pensamento. Quando perceber isso, você conseguirá fazer muito mais com sua vida.

Decidimos fazer um intervalo nesse ponto, uma vez que precisávamos nos aprontar para o dia. Vamos para a sede da Hay House em Carlsbad, logo ao norte de San Diego, para um almoço de negócios e para fazer uma visita aos funcionários.

Acompanho Louise até seu carro, na garagem. Ao me sentar no banco do carona, sorrio ao ver uma afirmação presa no console: *Sorria com seu fígado.* Por um instante, imaginei uma face sorridente amarela gigante afixada por cima de meu fígado, mantendo-o feliz e saudável.

No caminho para a Hay House, inverto a conversa entre ser empregado e ser empregador. Pergunto sobre as formas de impactar positivamente o ambiente de trabalho quando você é aquele que comanda o espetáculo.

— Se você for um empregador, é muito importante agradecer a seus funcionários — ela me diz. — As pessoas amam receber pequenos bilhetes de vez em quando, ou um abraço, ou algum reconhecimento por um trabalho bem feito. Isso faz qualquer um se sentir bem.

— Então, a velha ideia de "governar com pulso forte" não funciona? — pergunto um tanto ironicamente.

— *Nunca!* Não compreendo aqueles gerentes que acham que se gritarem com os empregados eles vão trabalhar melhor. Não vão, porque ficarão amedrontados ou ressentidos, e você não consegue fazer um bom trabalho quando se sente dessa forma. Se você for chefe, precisa estar ciente do que está fazendo com seus funcionários. "Bem, eu os farei trabalhar mais!" Isso não faz as pessoas trabalharem mais, isso as faz trabalhar amedrontadas.

É óbvio para mim que Louise se importa muito com as pessoas que trabalham para sua empresa. Quando chegamos ao escritório, um dos compromissos agendados é a sua participação em um vídeo de agradecimento para um empregado que está deixando a Hay House após muitos anos de serviço. Eu lhe pergunto o que ela pretende dizer.

— Pretendo dizer: "Amamos você. Queremos que parta e tenha uma vida fabulosa. Agradeço por ter estado aqui. Você foi muito prestativo. Siga em frente e tenha novas aventuras como nunca teve antes" — ela responde. — Reitero isso muito quando escrevo bilhetes: *Que sua vida possa continuar a crescer e se expandir.*

Quem não ficaria energizada ou se sentiria valorizada com esses tipos de mensagens de um empregador? Quem não gostaria de trabalhar arduamente e contribuir para o sucesso da empresa? Comentários positivos contínuos são uma raridade no ambiente de trabalho. Muitos de nós nunca recebemos o reconhecimento devido durante a adolescência, assim nem nos ocorre dá-los a outros agora que somos adultos.

Meu primeiro orientador de vida era muito meticuloso no trato com os clientes. Ele me fez espalhar diversas fichas por todo o meu escritório com as palavras *Apoie! Apoie! Apoie!* em cada um. Ele queria que eu me lembrasse constantemente de ser uma defensora ferrenha dos pontos fortes e do sucesso de meus clientes. Certamente, essa é uma habilidade que precisa ser desenvolvida e praticada, sobretudo, pelos empregadores. Eles têm muito a ganhar com esse tipo de hábito diário.

De volta à Hay House, Louise me mostra tudo, e fico contente de ver os rostos dos homens e das mulheres com quem trabalho, a maioria dos quais eu só conhecia por telefone ou e-mail até aquele momento. Há muitas pessoas boas nesta empresa que realmente se importam com os produtos que colocam no mundo. Livros, eventos, programas online, filmes e outros itens úteis que têm um impacto tão positivo e provocam consequências muito importantes na vida de seus clientes.

Por toda aquela tarde, enquanto Louise e eu entramos e saímos de reuniões e conversas, ela manteve uma atitude positiva e otimista. Não consigo deixar de ficar impressionada com a quantidade de energia que ela apresenta, já tendo passado dos 80 anos de idade!

Ao final do dia, dou uma parada para dizer adeus à minha equipe de produção na Hay House Radio. Suas salas estão localizadas próximas à recepção do prédio, e começo a procurar Louise, que ficou de me encontrar na porta da frente.

Enquanto espero bem na entrada do estúdio, vejo-a virar a equina, concentrada em uma conversa com um funcionário — um jovem que aparenta ter trinta e poucos anos. Ao terminarem, observo como ela o abraça e diz: "Eu amo você". Eu assinto e me admiro. *Que chefe faz isso em uma empresa americana?*

Quando o expediente termina, o retorno para casa tem seu conjunto próprio de padrões de pensamento. Assim, no caminho de volta para a casa de Louise, ela completa nosso plano diário.

— Mais uma vez, precisamos nos perguntar: Como eu me sinto quando chego a casa? Como me sinto quando vejo meu companheiro, meus filhos ou meu companheiro de quarto?

"Lembro-me de, tempos atrás, passar algum tempo com uma amiga que costumava cumprimentar o marido com o mais novo desastre. E, enquanto a observava, me perguntava *Por que você faz isso?* Quando era casada e meu marido chegava em casa, eu sempre fazia questão de cumprimentá-lo com um abraço, um beijo e uma atitude acolhedora. Ao contrário, minha amiga dava ao marido notícias ruins: o vaso sanitário não estava funcionando ou as crianças estavam impossíveis. Dito isso, será que aquelas notícias não poderiam ter esperado 80 segundos e sido dadas depois de um 'Oi, querido, eu amo você. Como foi seu dia?'"

Da mesma forma como quando saímos de casa no início do dia, precisamos prestar atenção aos pensamentos que temos quando voltamos para casa. Reserve um segundo para se perguntar: *Como me sinto quando entro na garagem? Qual é a primeira coisa que digo para os outros ou para mim mesmo quando entro?*

Claro, Louise tem algumas afirmações para quando nos aproximamos da porta:

Boa noite, casa, estou de volta.
Estou muito feliz por estar aqui. Amo você.
Vamos ter uma noite ótima juntos.

Estou ansiosa para ver minha família.
Teremos um momento maravilhoso juntos hoje à noite.
As crianças fazem o dever de casa em um piscar de
olhos.
O jantar parece se autopreparar.

— Você anseia por passar a noite em casa? — Louise continua. — Se sim, por quê? O que você pensa enquanto está fazendo o jantar ou comprando comida pronta? O jantar é um evento alegre, ou é algo que a frustra ou a irrita? Você pega a pior comida possível, de lanchonete ou processada ou comida que alimenta? Como você fala consigo enquanto está limpando a casa? Você anseia ir para a cama?"

Sorrio quando ouço sua última pergunta. Sempre anseio ir para a cama. Quando meu dia de trabalho termina, arrumo minha mesa, faço planos para a manhã seguinte e fecho a porta. Estabelecer um final claro para o dia de trabalho é importante.

Quando chega a hora de dormir, penso em meu quarto como um santuário — um lugar de rejuvenescimento e cura. Sempre que alguém me pergunta qual é o segredo do meu sucesso, "uma boa noite de sono" está sempre próximo do topo da lista. Quanto mais sono, melhor, pelo menos oito horas por noite, e faço questão de reconhecer o que meu corpo precisa para ter um bom descanso.

Uso algumas orientações simples para ter as horas de sono de que preciso:

- Ir para a cama no mesmo horário (uma hora razoável) toda noite;
- Não ter televisão no quarto;
- Certificar-me de que o quarto esteja escuro e um pouco frio;

- Não comer nada ou ingerir cafeína nas três ou quatro horas antes de dormir;
- Usar lençóis macios e confortáveis;
- Deitar em uma cama aquecida por um cobertor elétrico (em seguida desligá-lo e retirá-lo da tomada);
- Ler um bom livro para adormecer.

Admito para Louise que, embora normalmente mantenha todos os aparelhos eletrônicos fora do quarto, de vez em quanto me vejo atraída por uma notícia e acabo lendo sobre ela em meu telefone enquanto estou na cama. Ela tem uma reação imediata:

— Não, não, não! Ver as notícias logo antes da hora de dormir leva toda aquela negatividade para seu mundo de sonhos. Sou totalmente contrária às pessoas verem ou lerem notícias na cama!

— Mas, prefiro ver as notícias online em lugares em que sou capaz de monitorar o que vejo — digo a ela. — Sou muito sensível e não gosto de notícias violentas ou histórias que me fazem sentir impotente ou insegura.

— Não importa qual seja a notícia — Louise corta. — Você precisa tomar cuidado com o que está colocando em sua consciência antes de ir dormir. Acredito piamente nisso.

Mais uma vez, sou relembrada de que cuidar bem de si mesmo começa com cuidar de nossos pensamentos. É muito fácil ignorar ou minimizar até mesmo aqueles hábitos ocasionais que podem estar colocando nossa saúde emocional e mental em risco. Ouvir a opinião apaixonada de Louise sobre a exposição às notícias antes de dormir me convence a parar de lê-las daquele momento em diante. Em vez disso, vou dirigir minha atenção para um bom livro de agora em diante.

— Adoro ler histórias que tocam meu coração, histórias de interesse humano ou inspiradoras — ela diz. — A leitura tem prioridade sobre qualquer outra coisa. Não vejo muita televisão de qualquer forma. Para mim, a televisão é uma novidade moderna, não fui criada com ela.

"Muitas vezes fico ouvindo CDs de meditação antes de deitar e chego a adormecer ouvindo-os bem baixinho. Em geral, faço uma oração, um agradecimento pelo dia e por tudo que consegui. Depois saúdo minha cama e me apronto para dormir. Às vezes, revisito mentalmente o dia, mas nem sempre. O dia está encerrado."

Já me preparando para encerrar nossos trabalhos naquele dia e para concluir esse tópico de viver com mais consciência ao longo do dia, pergunto a Louise se ela faz algum tipo de ritual antes de adormecer.

— Inspiro profundamente com os olhos fechados. Enquanto inspiro, digo: "A Vida", e enquanto expiro, "me ama". Repito a frase várias vezes enquanto adormeço. *A Vida me ama, a Vida me ama, a Vida me ama.*

De fato, um fim maravilhoso...

Capítulo Cinco

Não quebre um hábito, desfaça-o!

Estamos perdidos.

Meu marido, Michael, e eu estamos a caminho do Wizarding World of Harry Potter, em Orlando, Flórida, juntamente com a nossa grande amiga Ileen. Durante o fim de semana, darei uma palestra em uma conferência lá perto, na qual terei a oportunidade de encontrar Louise. No entanto, nós três decidimos dar uma escapadinha e passar o dia divertindo nossas crianças internas antes da conferência começar.

A viagem de carro demorou mais do que previmos, e estamos quase sem combustível — literal e emocionalmente. Atrasamos nossa saída porque tivemos de esperar o preenchimento de toda a papelada do carro que alugamos, e agora faltam poucas horas para o parque fechar. Quando Michael, Ileen e eu finalmente chegamos, passamos pelo portão de entrada e tentamos seguir as indicações até o estacionamento. A sinalização é confusa, e meu marido e eu discutimos rapidamente sobre qual caminho tomar. Aponto em uma direção, esperando estar certa, e assim que ele faz a curva fica claro que estou errada. Então, cada vez mais conscientes de que o tanque de combustível está ficando vazio, voltamos à estrada, nos afastando do parque sem um retorno (ou posto de gasolina) à vista. Nessa altura, Michael e eu estamos bastante zangados um com o outro, mas somos educados demais para dizer qualquer coisa na frente da nossa amiga.

A tensão da raiva silenciosa paira como uma cortina pesada entre nós enquanto meu ego tenta dar conta da situação. *Sei que apontei na direção certa, mas a sinalização estava confusa. Se Michael tivesse prestado atenção, não estaríamos nessa confusão. Ele sempre espera que eu tome as decisões. Por que ele próprio não escolheu o caminho?* Minha mente continua trabalhando sem parar, analisando a situação nos mínimos detalhes. Estou convencida de que estou certa. Entretanto, conheço Michael suficientemente bem para perceber que ele está se culpando por não ter confiado em seu instinto e virado onde sabia que devia ter virado. Ileen, demonstrando inteligência, está caladíssima no banco de trás, pacientemente esperando que desfaçamos a confusão.

Enquanto espumo de raiva, penso em Louise e nas conversas que tivemos sobre escolher os bons pensamentos. Por uma fração de segundo, uma porta começa a se abrir na minha mente e vislumbro a luz. Penso em uma abordagem diferente. Ao invés de redecorar o inferno discutindo sobre quem fez o quê (um hábito que foi observado em Michael e em mim por um terapeuta que nos ajudou muito há alguns anos), arrisco. Estico o braço e coloco minha mão sobre a de Michael e mentalmente transmito-lhe amor. Não digo uma palavra. E ele não retira a mão dele.

Olho para a estrada à minha frente e visualizo amor fluindo de uma Fonte Divina para todo o meu corpo, da minha mão para a dele e depois para o seu coração. Continuo essa prática por alguns minutos, quando sinto a energia de Michael suavizar. Enquanto continuo a enviar-lhe amor, percebo algo interessante. Sinto amor também. Ao invés de continuar raivosa por causa da manobra errada, rapidamente fico mais preocupada com meu marido. Meu coração se abranda quando imagino como ele deve estar se criticando furiosamente. Por que eu desejaria gerar mais dor ainda?

Enquanto envio amor para Michael, sinto suas defesas cederem... e logo chegamos a um posto de gasolina e a um retorno. Trinta minutos depois, estamos rindo e brincando na entrada do parque, prontos para encontrar trouxas, mágicos e — quem sabe? — até o próprio Harry Potter.

No encontro seguinte, compartilho com Louise a minha história sobre Harry Potter. Digo-lhe que estou surpresa com o fato de que algo tão simples pode ter um impacto tão forte sobre o nosso dia. Tantas vezes, no meio de alguma discussão boba (e algumas são muito bobas), eu ficava pensando em baixar minhas defesas e ouvir com amor, mas tudo parece tão contrário à minha intuição — é como se estivesse cedendo. Afinal, meu ego é mestre em racionalizar uma posição. Por que admitir a derrota quando não fiz nada errado? Enviar amor não é igual a ignorar o problema? E como vamos estimular o crescimento um do outro se não estivermos dispostos a defendermos o que consideramos verdade?

— O ego tem um objetivo — Louise me conta. — Ele quer estar certo e tem o hábito de tentar justificar sua posição. Procura por um ângulo em que a outra pessoa esteja evidentemente errada. É uma ideia simples pensar que focar em um resultado positivo ou colocar amor na situação poderia funcionar, mas funciona. Em seu caso, ao invés de aumentar o problema continuando a reclamar ou discutir, você simplesmente sorriu internamente, enviou amor a seu marido e descobriu que isso funciona!

Embora consciente da resistência que tinha a me despojar de meu ego, tive de admitir que Louise estava certa. *Funcionou.*

— Com demasiada frequência, sentimos como se precisássemos chegar a uma solução rápida e definitiva para um problema — ela continua. — Desejamos encontrar a solução, *agora*! Não gosto mais de lidar com problemas dessa forma. Quanto mais você se afasta de um problema, mais rápido a solução se aproxima. É por isso que adoro a afirmação *Tudo está bem. Tudo está funcionando para o meu bem maior. Apenas o bem surgirá dessa situação. Estou segura.* Ela coloca você acima do problema, em uma área em que há soluções. Nesse lugar, você não está dizendo à Vida como criar a solução, você está apenas afirmando que Ela está trabalhando para todos.

"Sua situação com Michael no carro é um exemplo maravilhoso porque você fez muito pouco. Você podia ter discutido com ele o resto do dia, e os dois teriam ficado infelizes."

Certamente. E a verdade é que, de fato, trazemos mudanças positivas para nossos relacionamentos quando somos gentis e suficientemente abertos para ouvir. Na verdade, mais tarde, naquela noite, quando Michael e eu voltamos para o hotel depois da visita ao parque, conseguimos conversar sobre a situação calma e construtivamente. Ao longo dos anos, nós dois aprendemos que, quando ficamos na defensiva, não há comunicação. Nada. De jeito nenhum. Sem chance. Aprendemos também que é importante abrir mão de algo após trabalharmos aquilo de uma maneira carinhosa. Retomar o assunto ou reclamar novamente sobre o fato significa trazer problemas.

— Quando um problema foi resolvido, precisamos lembrar que ele acabou — Louise instrui. — Passou. *Não queremos mergulhar no passado para sermos infelizes no momento presente*. E não desejamos nos tornar queixosos. As pessoas que reclamam muito são uma chateação para todos ao seu redor. Não apenas isso, mas elas também causam um grande dano ao seu mundo pessoal. Antes de verbalizarmos uma reclamação, tendemos a revirá-la em nossa mente, várias vezes, dezenas de vezes, várias dezenas de vezes, dezenas e dezenas de vezes, dependendo do tipo de hábito que temos.

Nesse momento, sinto calafrios quando penso desde sobre a quantidade de energia que gastei ao longo dos anos reclamando de tudo até em como estou ocupada ao que Michael faz ou deixa de fazer. Antes de entender o poder dos meus pensamentos, eu havia permitido que essa "queixosa interna", uma mulher cronicamente irritada, controlasse minha mente e minha boca. Ela ruminava constantemente as mesmas questões repetidas vezes, como se o lamento pudesse, de alguma forma, melhorar tudo.

— A maioria das pessoas criou o hábito de reclamar o tempo inteiro mentalmente — Louise me conta. — Todas as vezes que fazemos isso, estamos usando uma afirmação, mas uma afirmação muito negativa. Quanto mais reclamamos, mais encontramos do que reclamar. A vida sempre nos dá aquilo em que nos concentramos. Quanto mais nos concentramos no que está errado em nossa vida, mais desacertos encontramos. Quanto mais desacertos encontramos, mais infelizes ficamos. É um círculo vicioso. Tornamo-nos uma vítima constante da Vida.

— E é aí que nos sentimos como se estivéssemos presos — acrescento. — Mais uma vez, é aí que precisamos retomar o controle de nossos pensamentos.

— Sim. A única pessoa que pode parar esse retrocesso negativo é a que está fazendo a reclamação. Mas, primeiro, ela precisa reconhecer *o que está* fazendo. Segundo, precisa reconhecer *quando* está fazendo isso. Somente quando reconhecemos que estamos dizendo uma afirmação negativa é que podemos efetuar a mudança. Quando as pessoas abandonam esse hábito autodestrutivo, elas se veem passar de vítimas a criadoras intencionais da própria vida.

"Seja qual for o hábito que desejamos desfazer, o processo é o mesmo. Perceba que disse *desfazer*, não *quebrar*. Quando quebramos algo, os pedaços ainda permanecem ao nosso redor. *Quando desfazemos algo, a experiência inteira desaparece.* Gosto de pensar que ela volta para o nada de onde veio. Hábitos surgem do nada e podem voltar para lá. Todo mundo tem hábitos. Alguns deles realmente nos ajudam, e outros nos prejudicam. Precisamos selecionar os que contribuirão para gerar amor e alegria, prosperidade, saúde e uma mente feliz e pacífica."

— Portanto, precisamos lembrar quem criou os hábitos com os quais vivemos no presente e quem tem capacidade para mudá-los.

— Sim. Se existe algo negativo na nossa vida, precisamos descobrir como *nós* estamos contribuindo para mantê-lo. O que estamos fazendo para atrair e manter as condições negativas em nosso mundo? Somos todos criadores poderosos que criam continuamente. Minha experiência me ensinou que é vital para uma vida feliz que percebamos a tagarelice negativa na nossa mente. O que estamos pensando? Por que estamos pensando exatamente isso? O que esse pensamento está criando no nosso mundo?

"Quando você percebe esse hábito, o próximo passo é parar de se condenar por ter tais pensamentos. Ao invés disso, fique encantado por perceber o que está fazendo. Você pode dizer a si mesmo: *Não surpreende que eu esteja tendo essa reação negativa — é porque estou tendo esse pensamento negativo. Agora, quero ficar consciente de todas as vezes em que faço isso para que eu possa desfazer o hábito.* E a próxima vez em que você se perceber fazendo isso, diga, *Ah, eu me peguei novamente, isso é ótimo;* é parte do processo de desfazer. Estou conseguindo. Precisamos nos alegrar quando estamos no processo de desfazer um hábito negativo. A ideia é, na medida máxima possível, permanecer no presente ou olhar para o futuro de uma perspectiva positiva."

Meu problema no carro com Michael é um exemplo dos tipos de desafios diários que todos nós enfrentamos na vida. Ao colocarmos mais intenção na forma como vivemos nossos dias, é importante sempre lembrar que seremos desviados do nosso caminho por antigos hábitos, crenças e circunstâncias, sobretudo quando estamos estressados. Louise e eu continuamos a conversar sobre alguns hábitos comuns que precisam ser desfeitos — os tipos de obstáculos que causam problemas às pessoas. O primeiro deles tem a ver com dinheiro.

Toda semana, faço um programa de rádio ao vivo pela internet, chamado *Coach on Call* [Conselheira à sua disposição], em que dou conselhos a pessoas no mundo inteiro. Frequentemente recebo telefonemas daqueles que acreditam que começar um negócio lhes trará uma solução financeira rápida, ou que ganhar na loteria é o que eles precisam para finalmente se sentirem seguros e felizes. Eles estão atolados no "pensamento mágico", acreditando em uma fantasia futura que, no fim das contas, os mantêm paralisados.

— Muitas pessoas acreditam que tudo que precisam para serem felizes e resolverem todos os seus problemas é dinheiro — Louise diz. — Mas sabemos que há milhares de pessoas que são muito ricas e ainda assim têm muitos problemas. Obviamente, dinheiro não resolve tudo. Todos precisam ser felizes e gozar de paz de espírito, mas felicidade e bem-estar são um trabalho *interno*. Você pode ter os dois e mesmo assim ter muito pouco dinheiro. O que importa são os pensamentos que você escolhe ter. As condições ricas ou pobres são criadas dentro de si.

"A quantidade de dinheiro que nos permitimos ter tem tudo a ver com nosso sistema de crenças e com o que aprendemos sobre dinheiro em nossa infância. Muitas mulheres, por exemplo, têm dificuldades em aceitar a ideia de que podem ganhar mais dinheiro do que seus pais. As crenças *Não posso ser mais bem-sucedida que meu pai* ou *Só os homens ganham salários altos* as detêm, muito embora possam não ter consciência disso. E, sim, também existe a crença persistente: *Se ganho na loteria, todos os meus problemas acabam.* Isso é bobagem. Em menos de um ano ou dois, quase todos aqueles que ganham na loteria acabam ficando em uma situação pior do que antes. A razão para isso é que eles não fizeram uma mudança de consciência para que ela acompanhasse a nova situação econômica. É possível que não tenham tido habilidade suficiente para lidar com a riqueza recente, mas também não acreditam que merecem o dinheiro que ganharam.

"Quanto mais escolhemos acreditar em um Universo abundante, mais descobrimos que nossas necessidades são saciadas. A afirmação '*A Vida me ama, e todas as minhas necessidades são sempre saciadas*', iniciará nosso processo."

Digo a Louise que me lembro de lutar com meus receios financeiros por volta dos meus trinta anos. Vivia sozinha, tentando aumentar meu negócio como uma palestrante profissional e constantemente me preocupando com o pagamento de contas. Eu ficava tão angustiada na maioria das vezes que tudo que conseguia fazer era focar no problema: falta de dinheiro. Ao invés de aliviar o medo com uma fantasia de sucesso instantâneo ou um ganho inesperado na loteria, estava convencida de que se me preocupasse bastante, de alguma forma, minhas circunstâncias mudariam em um passe de mágica.

— Quando nos preocupamos, repetimos nossas preocupações inúmeras vezes até acabarmos ficando apavorados — ela comenta. — Muitos de nós nos apavoramos com os nossos pensamentos. Mas os milagres ocorrem quando repetimos nossas afirmações positivas com tanta ou mais frequência do que nossas preocupações. É assim que nossa condição negativa começa a mudar, não importa qual seja o problema.

Fiz o melhor que pude naquela época da minha vida para permanecer focada em afirmações positivas, mas achei difícil manter esta prática enquanto me sentia tão angustiada. Foi quando aprendi algo importante: afirmações *e* ação apropriada são as chaves para o sucesso. Quando finalmente enfrentei a realidade de que precisava conseguir um emprego *e* comecei a procurar um, de repente me vi trabalhando *em cooperação* com a Vida. Foi nesse momento que as circunstâncias começaram a mudar. Usei a afirmação *O emprego perfeito vai me encontrar* como um mantra contínuo e comecei a fazer contatos feito uma louca. Ao adotar um estado mental determinado e focado, descobri que a Vida me trouxe os recursos, as pessoas e as oportunidades dos quais precisava para dar uma virada em minha situação.

— Se estamos dispostos a realizar o trabalho de mudar a nossa consciência mudando os nossos pensamentos *e* agindo de forma apropriada, então somos capazes de criar uma vida nova para nós, a qual é sempre muito melhor do que qualquer vantagem que ganhar na loteria pode nos proporcionar — Louise diz. — Assim, à medida que atingimos novos patamares de sucesso, seremos capazes de sustentá-los porque agora realizamos uma mudança de consciência e nossos sistemas de crença foram atualizados. Mas lembre-se, embora todos acreditem que dinheiro traz felicidade, não é daí que vem a felicidade. Se você não consegue se amar, se não consegue perdoar, se não consegue ser grata, o dinheiro não será de qualquer ajuda. Você só terá mais empregados com quem gritar.

Louise e eu falamos sobre alguns dos passos que todos podem dar para desfazer os hábitos relacionados à saúde financeira ruim. Primeiro, foque em se sentir merecedor e digno da abundância para que possa atrair e receber mais prosperidade em sua vida. Você pode usar afirmações, tais como:

Aceito, agradecida, tudo de bom que tenho em minha vida agora.
A Vida me ama e cuida de mim.
Confio que a Vida toma conta de mim.
Sou digna de abundância.
A Vida sempre provê as minhas necessidades.
A abundância inunda minha vida de formas surpreendentes todos os dias.
Minha renda cresce constantemente.
Prospero em qualquer área à qual me dedico.

Selecione uma ou duas delas e repita-as diversas vezes ao longo do dia. Escreva-as várias vezes em um diário ou em um pedaço de papel, faça cartazes com elas e pendure-os pela casa ou no escritório e se certifique de que irá repeti-las enquanto se olhar no espelho em todas as oportunidades que tiver.

Escrever pode ser uma forma maravilhosa de acessar a sabedoria e o entendimento. Assim, reserve um tempo para explorar a seguinte questão em um diário ou caderno:

Que hábito preciso desfazer para criar a vida financeira que desejo?

Se reservar algum tempo para explorar essa questão, você pode descobrir que está vivendo no futuro, mais focada no que *pode* acontecer de bom, ao invés de na realidade daquilo que precisa ser resolvido no futuro imediato. Ou você pode precisar abandonar a negação e parar de fingir que pode continuar gastando dinheiro quando não consegue dar conta das despesas que já tem.

Finalmente, identifique aquele passo específico que você precisa dar para melhorar sua saúde financeira. Depois, foque nessa única ação — preferivelmente a que você tem evitado — e faça algo sobre isso dentro das 24 horas seguintes. Pode ser que você precise pagar suas contas, atualizar os cálculos de seus impostos, ou parar de usar os cartões de crédito. Ou você pode precisar procurar um emprego que traga dinheiro para seu lar o mais rápido possível e você possa se preparar para um trabalho mais satisfatório mais adiante. Lembre-se, quando você afirma suas intenções *e* toma providências concretas, você se alinha com a energia Universal, convidando a Vida a surgir e ir ao seu encontro. (Se não tem certeza de que passo dar, peça conselhos a um amigo ou a um membro de sua família confiável — alguém que conhece você intimamente e lhe deseja o melhor.)

Eis outro desafio comum que muitos precisam enfrentar: o desejo e a esperança de que aqueles que nos cercam finalmente "entendam" e mudem.

O que você faz quando alguém vive tendo problemas e, no entanto, não faz nada para mudar a situação? Certa vez, eu coordenava um seminário e, quando abri a sessão de perguntas sobre o ponto em que essas mulheres se sentiam paralisadas com relação a seus cuidados pessoais, uma mulher com cerca de quarenta anos imediatamente pediu a palavra e começou a nos contar sobre sua vida repleta de dramas. Parece que as crises surgiam constantemente na vida dela. A última tinha a ver com trabalho. Ela fora falsamente acusada de assédio a uma colega e agora morria de medo de perder o emprego.

À medida que ela entrou em detalhes sobre a situação, solidarizei-me com seus apuros e consegui entender que ela investia mais energia no problema do que na solução. Assim, a interrompi e sugeri que tentasse algo diferente.

— Por que você não começa a mudar as coisas mudando a linguagem? — aconselhei. — Por exemplo, você podia começar afirmando: *Aprecio uma resolução pacífica para esse problema. A situação desconfortável no trabalho é resolvida rapidamente e todos ficam satisfeitos com o resultado.* Ou experimente: *Acabo com todo o drama da minha vida e agora obtenho energia da paz.*

— Não tenho capacidade alguma de fazer isso — ela respondeu com uma irritação evidente na voz. — Minha colega de trabalho é uma idiota e não está falando a verdade.

Por vários minutos fizemos a dança dos egos, na qual eu tentei encontrar uma abertura em sua mente apavorada que permitisse que ela abordasse a situação de uma nova maneira, e ela lutou para me convencer de que isso não funcionaria. Conhecia aquela ladainha. Essa mulher estava acostumada a obter energia do drama e, no passado, eu teria perdido um tempo excessivo tentando fazê-la mudar de ideia. No entanto, por ter reconhecido a dança, sabia que precisava permitir que ela continuasse a se sentir certa até estar pronta para mudar sua perspectiva. Elegantemente passei para a pergunta seguinte na plateia.

— É isso que acontece quando as pessoas não estão prontas para mudar — Louise explica. — O que se pode fazer é dar sugestões sobre como alguém pode promover o próprio crescimento, mas, em última hipótese, essa pessoa precisa estar disposta a fazer a sua parte. Precisamos parar de desejar que as pessoas façam o que não podem fazer ou que sejam quem não podem ser. Sempre digo que não sou uma vendedora. Não estou aqui para vender uma maneira de viver. Sou uma professora. Se deseja vir e aprender comigo, fico feliz em lhe ensinar, mas não vou forçar você a mudar seu jeito de pensar.

Esse privilégio é seu. Você tem liberdade para acreditar em tudo o que deseja. E se deseja dar um passo nessa direção e explorá-la, então tudo bem, mas se não é isso que deseja, faça o que quiser.

"Nossa consciência nos domina. Assim, qualquer problema é criado no nível da consciência da pessoa envolvida. *Sua* consciência não pode mudar a situação; é a sua consciência que precisa mudar. A mulher em seu seminário continuará a atrair drama para a vida dela até reconhecer que *ela* está influenciando essas situações. Não são *eles* lá fora, somos *nós* que criamos isso em nosso mundo. São os pensamentos e as crenças dela que estão contribuindo para o problema.

"É uma pena enorme porque, quando as pessoas não prestam atenção às afirmações ou decidem que fazer o tipo de coisa de que estamos falando é uma tolice ou provavelmente não funcionará, elas acabam experimentando os mesmos problemas repetidas vezes. Em seguida, elas dizem que as afirmações não funcionam. Elas *funcionam*. Elas apenas precisam ser usadas de forma consistente."

— Nossos pensamentos influenciam diretamente nossa experiência. Nesse sentido, estamos contribuindo para tudo o que ocorre em nossa vida. Se nos encontramos no meio de um problema, precisamos buscar novos hábitos que aproveitem nossos pensamentos e nossa energia de uma forma mais produtiva. As afirmações ajudam a apontar uma nova direção para que possamos focar em um resultado melhor.

— E a chave é nos darmos conta o mais rápido possível ao invés de sermos tragados pelo drama do momento — Louise observa. — Lembre-se, precisamos parar e dizer: "Ah, olha o que *estou* fazendo comigo mesmo. Não tem nada a ver com a outra pessoa. Tem a ver comigo. O que posso fazer, *agora mesmo*, para mudar a energia?" Enquanto a outra pessoa pode estar fazendo algo para nós ou para a situação, *nós* controlamos a forma como respondemos e reagimos. Precisamos sempre lembrar que o nosso objetivo na vida é nos sentirmos bem, na medida máxima do possível.

Ao lidar com essa mulher no seminário, enfim pude deixá-la seguir seu caminho. Mas, pergunto a Louise, e o que acontece quando alguém está intimamente envolvido com uma pessoa que não está disposta a mudar? Elas podem estar lidando com um parente idoso que sempre tem uma atitude negativa, por exemplo, ou um esposo que não está no mesmo caminho de autodescoberta. Como elas ficam em paz com essa situação?

— Muitos anos atrás, quando eu trabalhava com pessoas soropositivas, descobri que muitas delas haviam sido abandonadas pelos pais. Totalmente abandonadas. A partir do momento em que o pai descobria que o filho era homossexual, os bania da família. Muito dessa situação tinha a ver com a opinião dos vizinhos.

"Quando isso acontecia, eu dizia aos homens com quem trabalhava para usarem uma versão de uma afirmação que mencionei anteriormente: *Tenho um relacionamento maravilhoso e harmonioso com todos em minha família, sobretudo com minha mãe* (essa era, em geral, a pessoa com quem eles tinham mais problemas).

"Sugeri que eles repetissem essa afirmação várias vezes ao longo do dia. Todas as vezes em que a pessoa era lembrada, eles precisavam continuar repetindo a afirmação. Agora, confrontado com o abandono pela família, isso certamente não era o que qualquer um esperava ser solicitado a fazer. Porém, invariavelmente, entre três e seis meses após o uso contínuo dessa afirmação, a mãe concordava em encontrar seu filho."

— Sério? — pergunto, surpresa e emocionada.

— Sim. — Louise pausa por um momento para revisitar essa memória, e vejo lágrimas encherem seus olhos. — E quando ela aparecia, lhe dávamos uma ovação. Significava muito para nós. Era muito curativo. Os pais eram um pouco mais difíceis de envolver, mas a mãe estava lá e descobria que esses "homossexuais" lhe dariam muito amor.

"Assim, você poderia dizer que é loucura achar que uma afirmação podia funcionar em uma situação tão difícil. O que ela poderia fazer? Como poderia influenciar o comportamento de outra pessoa? Não sei. Ela se espalha no Éter e, ao invés de a pessoa ter pensamentos terríveis sobre sua família, ela começa a criar um espaço no qual pode haver um relacionamento harmonioso. Não sei como isso funciona. Esse é o mistério da Vida."

Sugiro que afirmar um relacionamento harmonioso com outros pode ser aplicado de várias formas, e Louise concorda.

— Ainda que você pratique continuamente a afirmação de que tem um relacionamento harmonioso com seu chefe, seu vizinho, seu colega de trabalho ou com um membro da família emocionalmente distante, ela tem de se esgotar. *Evite a polêmica e fale sobre aquilo que deseja, como se assim fosse.*

"Deixe de focar em *Minha mãe me tratou mal*. Você não deve entrar nessa polêmica porque estará dando poder ao tema. Ao invés disso, você precisa manter o foco no objetivo. E nem estamos dizendo que ela precisa se comportar de uma determinada forma. Estamos dizendo que *você* convive maravilhosamente com todos em sua família — inclusive com sua mãe — e depois deixa a Vida arranjar uma forma de juntar tudo. Você precisa continuar repetindo a afirmação todas as vezes que pensar na pessoa ou no problema. Quanto mais difícil o relacionamento, mais você precisa repetir a afirmação."

— Quando essas situações acontecem, quando temos problemas com um membro da família complicado, ou somos pegos de surpresa por uma notícia inesperada, como o diagnóstico de uma doença ou a perda de emprego, qual a maneira mais rápida para reencontrar o rumo?

— Em primeiro lugar, não há nenhum problema em ter essa reação inicial. Você precisa se permitir sentir o que sente. Quando falo sobre usar afirmações, não estou sugerindo que você as use para evitar qualquer sentimento.

— Esse é um ponto muito importante — observo. — Com demasiada frequência, vejo pessoas tentando usar afirmações como uma forma de lidar superficialmente com a verdade ou evitá-la, como se estivessem tentando fazer a cabeça controlar as emoções. Mas sempre que alguém usa a cabeça para controlar o coração, essa pessoa se coloca em desvantagem. Na verdade, os sentimentos fornecem informações valiosas.

Se você está se sentindo sobrecarregada de trabalho, certamente seria útil afirmar: *Sinto paz e calma no trabalho.* Mas isso também pode ser uma indicação de que você precisa parar de assumir mais projetos. Ou se está se sentindo solitária em seu casamento, você pode manter o pensamento de um relacionamento harmonioso, mas também pode precisar sentar com o esposo e falar sobre o que está acontecendo. Quando prestamos atenção, nossos sentimentos permitem que saibamos o que funciona ou não em nossa vida. Assim, eles podem lhe apontar a direção da mudança. *Em última análise, é o alinhamento da cabeça com o coração que cria a alquimia que dá poder às suas afirmações.*

— Uma vez que você sabe o que está acontecendo e se permite sentir, precisa descobrir como sair do espaço mental desconfortável o mais rápido possível — Louise diz. — Essa é a hora de lembrar que a qualidade *desse momento* é o ponto mais importante da criação. Agora. Todo pensamento que você tem e toda escolha que faz nesse momento molda seu futuro. Então, você precisa se colocar no lugar certo. Precisamos entender a fundo a importância disso.

— Portanto, ao invés de sermos pessimistas, precisamos nos tornar esperançosos o mais rápido possível?

— Não. Da forma como vejo isso, a esperança é outro obstáculo. Dizer "Espero" na verdade significa "Não acredito". É como colocar seu desejo em algum futuro muito distante e acreditar que talvez um dia ele *possa* se realizar. Essa não é uma afirmação positiva. Você precisa criar uma afirmação positiva e focada no presente. E depois você precisa deixar para lá.

— Deixar para lá?

— Você deixa para lá. Para de insistir. Deixa de sofrer. Quando não há mais nada a fazer com relação a uma situação, simplesmente deixe para lá porque você só estará se agarrando ao passado e às memórias que estão ocupando um espaço grande demais em sua mente. Então, eu diria, sim, definitivamente, escolha afirmações e as diga sem parar. Tente encontrar uma ou duas que realmente a consolem e continue repetindo-as continuamente. E se você puder fazer o exercício do espelho, isso a ajudará muito, uma vez que, dessa forma, é realmente possível fazer conexões consigo mesmo. Olhe para um espelho sempre que possível e diga para si mesmo: "Estamos resolvendo isso. Amo você e estou aqui para o que você precisar."

Nesse instante, olho o relógio e percebo que preciso sair para uma reunião. Quebrando o encanto do momento, levanto-me e sugiro que nos encontremos mais tarde naquele dia, após o lançamento do livro de Louise — um período de duas horas em que centenas de fãs de todos os cantos do mundo farão uma fila para tirar fotografias e pedir autógrafos.

Depois de colocar as anotações na bolsa, volto-me para Louise com uma última pergunta:

— E o que não podemos controlar, os pequenos eventos negativos que nos enervam e nos causam preocupação o dia inteiro? Você sabe, um e-mail maldoso ou um comentário de um colega de trabalho invejoso. Como você lida com esse tipo de interrupção?

— Isso é fácil — ela responde com um sorriso maroto. — *Não fico mais curiosa com o que poderá me aborrecer.*

Louise me encara por um longo tempo, seu olhar aprisionando a mensagem. Desvio meu olhar, olho para o celular e desligo o gravador. Imagino não me deixar ser tragada pelo drama da agenda de outra pessoa.

Esse é um hábito que realmente vale a pena desfazer.

Capítulo Seis

A beleza da sabedoria

É novembro e faz calor em Tampa. Louise acaba de fazer um discurso de boas-vindas para mais de três mil pessoas da conferência "Eu posso", organizada pela Hay House. Do lado de fora do salão, observo como a imensa multidão irrompe em aplausos afetuosos quando ela declara que está em sua nona década, e que essa é a melhor fase de sua vida até então. É um momento muito inspirador.

Enquanto nos aproximamos do hotel, observo Louise caminhando determinada para a porta da frente. Uma mistura singular de descontração e elegância, ela veste uma camisa florida amassada sobre uma calça de malha justa. Ela irradia a energia da juventude e a beleza da sabedoria dos mais velhos.

Chegamos ao hotel e nos dirigimos ao quarto de Louise. Ela imediatamente abre as portas da varanda, e sinto uma brisa suave roçar levemente minha pele enquanto procuro um lugar para me sentar. Desabo pesadamente com as pernas cruzadas em uma poltrona próxima a um estonteante arranjo de flores — lírios, tulipas, girassóis e rosas vermelhas — colocado em cima de uma mesinha de centro no meio da sala

— As flores são um presente de alguém que precisou da minha ajuda na semana passada — ela me disse. — Elas me fazem muito feliz.

Ela vai até a copa e prepara uma xícara de chá para mim e uma para ela. Enquanto retira os saquinhos de chá de suas embalagens, compartilha sua empolgação por ter encontrado uma nova capa de veludo preto para seu iPad — a mais recente ferramenta tecnológica que ela abraça com entusiasmo. Percebo que, até mesmo aos 84 anos, Louise é uma eterna estudante. Admiro muito sua curiosidade e sede de aprender.

Organizo minhas ferramentas ao meu redor e fico pensando o que ela sabe aos 84 sobre se sentir à vontade em sua própria pele, que eu poderia aprender aos 51. Pergunto-lhe qual é o segredo para parecer e se sentir tão bem na idade dela.

— Bem, para mim, trata-se de se amar, amar seu corpo e conformar-se com o processo de envelhecimento — ela responde. — Você não pode fazer nada bem, ou por muito tempo, sem se amar primeiro. Quando você se ama, cuida do seu corpo e se preocupa com o que coloca dentro dele. Você também se preocupa com os pensamentos que escolhe ter.

— Então, se nos empenharmos em praticar os temas que já abordamos neste livro, a vida será muito mais fácil quando envelhecermos?

— Sim. A vida ficou muito mais fácil para mim porque aprendi a planejar minhas experiências. Minhas afirmações positivas vão na minha frente, abrindo caminho. Faço questão de antecipar o que gostaria de viver no futuro. Por exemplo, hoje precisei fazer três tarefas, então afirmei: *Este é um dia glorioso, e cada experiência é uma aventura alegre.*

"Ao entrar em cada uma das três lojas, encontrei vendedores amáveis que conversaram amigavelmente comigo. Um funcionário e eu até demos gargalhadas a respeito de alguma bobagem. Cada uma dessas experiências foi uma aventura pequena, porém alegre. Parte da sabedoria de envelhecer é encontrar alegria até mesmo nas situações mais banais. Quando vivemos a vida em toda sua plenitude, transformamos as insignificâncias em coisas maravilhosas, boas e importantes."

Digo que, à medida que envelhecemos e perdemos amigos ou familiares, parece que valorizamos mais nossa conexão com os outros, até mesmo o tipo de conexão que fazemos nessas situações diárias mencionadas por Louise.

— Poderíamos pensar dessa maneira ou nos tornarmos amargos. Podemos escolher encarar com amargura a perda de entes queridos ou estender a mão para pessoas novas e preencher o vazio.

Quanto mais conheço Louise, admiro mais profundamente o valor de adotar bons hábitos de pensamento desde cedo na vida. Quando ela fala sobre sua postura perante a vida, fica claro que investiu muito tempo e energia no gerenciamento de sua mente. Como resultado, esse investimento lhe deu uma visão muito mais positiva do processo de envelhecimento. Sua dedicação para viver com determinação e intenção continua rendendo muitos dividendos, ano após ano. Enquanto observo sua atitude perante a vida, sou constantemente lembrada da minha necessidade de aprofundar esse hábito.

— Não me entenda mal — Louise admite. — Enfrentei os mesmos desafios que a maioria das pessoas enfrenta ao envelhecer: rugas, ganho de peso, falta de flexibilidade e a constatação de que os homens jovens deixaram de olhar para mim com ardor. Porém, não há razão para me sentir infeliz com relação ao que não tenho como mudar. Todo mundo envelhecerá. Apenas tomei a decisão de cuidar de mim mesma e me amar, aconteça o que acontecer.

"Como bem. Consumo alimentos que são muito bons para o corpo, alimentos que me sustentam. Consumo muito pouca comida que drena meu corpo ou não me alimenta. Faço também acupuntura e sessões de crânio sacral uma vez por mês para ajustar meu corpo. E dedico-me ao máximo a escolher pensamentos que me fazem sentir o melhor possível. Esta é a maior lição que continuo repetindo: *Nossos pensamentos podem nos fazer sentir bem ou nos fazer sentir mal.* Trata-se mais de pensamentos do que de eventos."

— Então, não são as rugas, são os pensamentos que se tem sobre rugas?

— Exatamente. As rugas simplesmente estão lá. E estão lá para todos. Você não foi escolhida entre uma multidão para ser a única pessoa com rugas. É tolice sentir-se infeliz com relação a algo assim. Desejamos aproveitar o máximo possível cada fase da vida.

— Por falar em rugas — menciono —, vamos falar sobre o corpo. Você disse que o segredo de seu sucesso aos 84 tem a ver com amar-se e com amar seu corpo, mas e se você é uma mulher com 25 quilos acima do peso ideal e odeia o que vê no espelho? Como você pode se olhar e dizer "Eu amo você" quando não gosta do que vê?

— Bem, esse é o objetivo do que estamos fazendo — Louise responde. — Como disse antes, não acredito mais em tentar resolver uma questão isolada. No início, trabalhei com problemas individuais, como perda de peso. Então, um dia, descobri que se conseguisse fazer os clientes amarem a si mesmos, não precisaríamos mais tentar resolver problemas. O amor-próprio era a questão central para todos e para tudo. E esta constatação é difícil de ser aceita ou reconhecida, ou seja, de que tudo poderia ser tão simples assim.

"Essa mulher de quem você está falando talvez ache que seu problema seja o peso, mas não é isso de forma alguma. É a autodepreciação. Se pudermos chegar ao fundo disso, ou fazê-la consistentemente começar a repetir afirmações que a ajudarão na construção de um bom relacionamento com seu corpo, isso vai iniciar o processo de amor-próprio."

Depois de uma pausa, ela continua.

— É verdade que, às vezes, você precisa ajustar sua dieta para manter-se fiel a essa nova prática. Hoje em dia, a maioria de nós sabe que açúcar vicia e não é nada bom para o corpo. Produtos à base de trigo, leite e seus derivados também causam problemas para a maioria das pessoas. Precisamos comer alimentos que nos alimentem e abasteçam nosso corpo e nossa mente. Embora seja maravilhoso repetir as afirmações certas, se você estiver se entupindo de cafeína, açúcar, comida de lanchonete e semelhantes, terá dificuldades para focar a mente seja lá no que for, muito menos em afirmações positivas. E, se tiver passado a vida se alimentando com comida de lanchonete, aí você pode precisar de orientação sobre o que significa manter uma dieta saudável. Eu não sabia nada sobre boa nutrição até receber o diagnóstico de câncer, o que me instigou a descobrir do que meu corpo precisava. Até hoje me mantenho atualizada com o que há de mais recente sobre saúde e terapias.

Entendo muito bem a importância de cuidar do corpo enquanto envelhecemos. Assim como muitos de nós, li uma grande quantidade de livros, websites e estudos na tentativa de aprender o máximo que podia sobre dietas, exercícios ou suplementos. Existe um emaranhado de informações por aí, e é fácil se confundir. Nossa sociedade gasta bilhões de dólares em livros e produtos antienvelhecimento, mensalidades de academias de ginástica e programas de dieta em busca da fórmula certa para criar uma saúde ótima... embora as taxas de obesidade continuem a aumentar e nossa saúde geral continue a declinar.

Nos últimos meses, tenho focado exatamente naquilo que Louise enfatiza: amar-me e amar meu corpo *primeiro*, e permitir que esse amor me conduza na direção de escolhas sensatas que ajudem minha saúde emocional e física. Estou aprendendo, com a experiência, que isso funciona. À medida que construo uma conexão forte com meu corpo, naturalmente torno-me atraída por alimentos, tipos de exercícios, formas de cuidados pessoais, e até profissionais, benéficos para minha saúde. Sim, agora sei que tudo começa com amor.

— Alimentar seu corpo bem é uma maneira muito importante de cuidar de si mesmo — Louise continua —, especialmente enquanto envelhecemos. Essa atitude lhe ajudará a lidar com as mudanças naturais que vivemos enquanto envelhecemos. Se estiver passando pela menopausa, por exemplo, e não estiver alimentando seu corpo com alimentos apropriados, terá mais dificuldades. Ingerir boas fontes de proteína e muitas verduras (orgânicas, sempre que possível), e proferir afirmações como *Este é um momento confortável e fácil de minha vida, estou agradavelmente surpresa pela facilidade como meu corpo se adapta à menopausa* ou *Durmo bem à noite,* farão uma grande diferença.

— E que afirmações você sugeriria para o homem ou a mulher que precisa amar seu corpo apesar de não gostar daquilo que vê?

— Bem, eles poderiam certamente começar enviando-se mensagens como:

Meu corpo é um excelente amigo, temos uma vida maravilhosa juntos.
Ouço as mensagens do meu corpo e ajo de acordo

com elas.
Dedico tempo para aprender sobre como meu corpo
funciona e de que alimentos ele precisa para ter uma
ótima saúde.
Quanto mais amo meu corpo, mais saudável me sinto.

"Essas afirmações lhe ajudarão a dar início ao processo. E, se realmente quiser se sentir mais conectado com seu corpo de uma forma positiva, precisa adquirir o hábito de olhar no espelho todos os dias e falar com ele como se estivesse falando com um amigo querido. Você deve dizer algo como:

Olá, corpo, obrigado por ser tão saudável.
Você está com uma aparência ótima hoje.
É uma alegria amar você para ter uma saúde perfeita.
Você tem os olhos mais lindos do mundo.
Amo sua forma linda.
Amo cada milímetro de você.
Amo você imensamente."

A experiência certamente me ensinou que falar com seu corpo de uma forma tão positiva lhe ajudará a acalmar a voz crítica que o julga impiedosamente. Ao longo dos anos, tenho lido bastante sobre o uso de afirmações de amor ao corpo nos livros de Louise, mas quando a ouvi *falar* pela primeira vez sobre usá-las, fiquei emocionada com o grau de ternura e intimidade em sua voz. Ela não estava apenas repetindo aquelas palavras, estava usando um tom e uma inflexão que deixavam claro que deveríamos conversar com nosso corpo como se fôssemos amigos íntimos.

— Quando comecei a fazer isso, meu relacionamento com meu corpo mudou de forma dramática. Senti o espírito daquelas palavras se apoderar do meu coração. A cada dia que me olhava no espelho e falava gentilmente comigo mesma, sentia as farpas da crítica e da rispidez serem vencidas pouco a pouco. Eu conseguia, de fato, sentir que meu corpo lentamente se tornava um amigo querido ao invés de um inimigo conflituoso. A chave era fazer isso *consistentemente*.

— Sim, sim, sim — confirma Louise. — Acima de tudo, isso é uma questão de prática. Escolha afirmações que lhe deem uma sensação mais confortável e comece por aí. Saiba que suas afirmações estão criando novas condições e situações para você, e esses hábitos mudarão sua vida. Se conseguirmos adquirir o hábito de nos menosprezarmos, podemos adquirir o hábito de nos estimularmos também!

— Então, voltemos ao que temos dito por todo este livro, ou seja, que os passos mais poderosos realmente são aqueles pequenos e simples que começam com nosso pensamento. E precisamos continuar a praticar ao longo do tempo.

— Sim. E, à medida que o faz, precisa procurar aquela pequena prova que lhe mostra que isso está funcionando: a comprovação de que sua consciência está mudando. Em seguida, precisa focar nesse sucesso para ficar inspirada a continuar.

"Você mesma fez isso, Cheryl. Você fez algo que lhe pareceu tolo a princípio — o exercício do espelho, por exemplo —, mas depois começou a ver os resultados. Você escreveu sobre essa experiência em seu último livro. E desde que começamos a trabalhar juntas, vi isso acontecer novamente com você. O Pilates é um bom exemplo."

Louise está certa. Durante uma das suas primeiras visitas, ela me convidou para uma sessão de Pilates individual e, como sempre tive a curiosidade de saber do que se tratava, resolvi participar. Depois de fazer musculação, sistematicamente, por mais de oito anos, estava ficando enfadada com a rotina e queria encontrar algo novo. Gostei tanto da sessão que fiz com

Louise que, quando cheguei a casa, procurei um professor e comecei a fazer aulas semanais.

Em pouco tempo senti que progredira. Descobri músculos cuja existência eu desconhecia e um sentimento de força interior que me fazia sentir mais alta e mais viva. Esses eram os sinais exteriores que me diziam que o que eu estava fazendo funcionava, mas era o sucesso que sentia por *dentro* que me fazia persistir.

Toda vez que meu professor me posicionava em frente a um espelho para que eu pudesse observar minha figura, silenciosamente eu repetia afirmações positivas para o meu corpo enquanto me movimentava fazendo a série de exercícios: *Eu amo você, corpo querido, por me manter em pé*; *Você é um corpo muito bonito*; *Obrigada por ser tão flexível e cooperativo hoje*; *Eu simplesmente adoro ver sua força e elegância.* Eu não estava apenas adquirindo força e tônus nos músculos externos, mas também construindo músculos internos importantes. Meu exercício do espelho diário e meu foco no amor-próprio me conduziram para algo que sentia ser maravilhoso e certo para meu corpo.

— Não é interessante ver como o Pilates entrou em sua vida? — Louise perguntou. — Foi fácil e não exigiu nenhum esforço. Você começou a focar sua atenção em amar seu corpo de uma forma nova, e ele simplesmente apareceu e você se mostrou disposta a experimentar.

— Acredito que eu estava naquele estado de espírito que você mencionou — digo-lhe com um sorriso —, aquele que atrai exatamente o que e quem precisamos exatamente no momento certo. Agora estou fazendo Pilates três vezes por semana e amando cada minuto da aula!

— O importante é que você estava disposta a tentar algo novo — Louise diz. — Mesmo que detestasse, eu queria que você passasse pela experiência. E se você tivesse dito que não tinha gostado, não haveria problema. Precisamos estar dispostos a experimentar algo novo para descobrir o que funciona para nosso corpo. Você começa com um passo e, em seguida, dá o próximo passo e, depois, mais um. Antes mesmo de se dar conta, andou três quarteirões e agora está aqui. — Ela bate os dedos na mesa. — Ao focar mais nos pequenos passos que está dando e não no resultado final, e você vê que está funcionando, se sente bem e continua a atrair para si exatamente o que precisa para levá-la onde deseja chegar.

"Olhe para você, Cheryl. Eu sugiro Pilates, você experimenta e descobre que adora fazer as aulas. Agora está fazendo três vezes por semana. Ou então você envia amor para Michael quando está prestes a começar uma discussão por ele ter escolhido dirigir por um caminho errado, e você sente o amor também. Tentamos algo, vemos os resultados, percebemos que nossa perspectiva mudou para melhor, e isso nos estimula a continuar. Não importa realmente onde se começa, contanto que se esteja *disposto* a começar. Veja, muitas pessoas dirão: 'Isso é besteira. Isso é pura besteira.' E você não consegue chegar a lugar algum se acha que é besteira."

Gostei do foco de Louise no reconhecimento daquilo que funciona e em aproveitar nosso tempo para lentamente desenvolver hábitos novos de amor-próprio. Eu costumava ficar frustrada e me sentir um fracasso porque sempre focava mais em chegar ao resultado final do que em experienciar a jornada. Anos atrás, durante uma conversa com amigos — outra mulher sábia com mais de oitenta anos — sobre a tentativa de desenvolver minha empresa de palestras, expressei minha frustração com relação à demora em chegar onde desejava. Estava construindo meu negócio há menos de um ano e estava decepcionada com meu progresso porque ainda não havia sido contratada para fazer uma palestra paga.

"Essas crianças de hoje em dia", ela disse, balançando a cabeça. "Vocês querem sucesso da noite para o dia. O que aconteceu com a alegria de dominar sua arte? Quando era mais nova, as pessoas levavam anos para alcançar o tipo de sucesso que você quer pra ontem, e elas gostavam do processo. Vá com calma, minha amiga. Isso tornará a jornada muito mais interessante."

Esforcei-me ao máximo para relaxar e aceitar esse conselho. No entanto, lá estava eu novamente, anos mais tarde, andando para frente e para trás na minha cozinha, reclamando com meu marido sobre o quanto estava demorando para a minha prática de consultoria evoluir — uma profissão nova iniciada há apenas um ano e meio.

A mensagem de Louise estava entrando em ouvidos bem experientes, e eu sabia que ela era importante. Nossa cultura nos treinou para focar no resultado final rápido — perder quatro quilos em uma semana ou conseguir uma barriga tanquinho da noite para o dia com os suplementos de fibra corretos. Queremos um *grande* sucesso, *grandes* mudanças, *grandes* resultados imediatamente!

— Sim — Louise concorda. — Grande, grande, grande... e bastante sofrimento no caminho. Queremos gostar do que fazemos. Você tem feito Pilates há algum tempo, e, sim, você mantém o comprometimento, mas também é importante você se divertir. Isso é maravilhoso. E seu corpo está mudando de uma forma muito positiva. Precisamos parar de focar na cura do problema tal como ele é percebido. Em vez disso, devemos concentrar em fazer pequenas coisas positivas que nos façam sentir melhor ao longo do caminho. Isso é o que torna mais fácil e mais alegre amar a nós mesmos, amar nossos corpos e o processo de envelhecer: pequenas mudanças positivas.

Por falar em envelhecimento, perguntei a Louise se podíamos falar mais sobre o tema. Eu queria saber o que mais a preocupava com relação ao envelhecimento.

— Bem, algumas pessoas se preocupam em perder sua aparência jovem. Mas, anos atrás, eu me preocupava em perder minhas faculdades mentais. Devo ter recebido algum tipo de mensagem cedo em minha infância que plantou esse temor em minha mente. Já foi há muito tempo, e hoje sei o suficiente para manter minha mente saudável com bons pensamentos e boa nutrição. Quando sua dieta é uma bagunça, você fica mais propensa a ter problemas na velhice. Minha preocupação agora seria eu ter um problema de saúde. É por isso que cuido bem de mim.

Todo mundo enfrenta desafios diferentes à medida que envelhece. Ao me aproximar dos cinquenta anos, tive meu momento de me olhar no espelho e me sentir triste e angustiada por causa de rugas novas ou da pele flácida, mas o que me preocupava mais era algo diferente: a ideia de perder a energia. Sempre fui uma mulher cheia de energia que se orgulhava de atingir os objetivos e de fazer as tarefas em casa e no trabalho. Ao começar a perceber que minha energia estava diminuindo um pouco, atribuí isso ao processo de envelhecimento e comecei a ficar preocupada. Seria esse o começo do fim de meus anos produtivos? Eu teria de me dedicar ainda mais arduamente a comer bem e me exercitar para manter minha energia em um nível alto? Ou eu precisava ceder à realidade de que todos nós desaceleramos quando envelhecemos?

No último ano, passei a entender a energia de uma forma nova. Sim, preciso me fortalecer com bons cuidados, mas também posso abraçar o dom que o envelhecimento tem a oferecer: a constatação de que desacelerar permite que eu possa usar minha energia de uma forma mais objetiva. Envelhecimento e experiência deram-me permissão para gastar minha energia preciosa com as prioridades valiosas: o cuidado comigo mesma, meus relacionamentos significativos, o tempo sozinha de que preciso para me sentir rejuvenescida; e as formas de expressão criativa que alimentam minha alma.

Nada como o movimento contínuo dos ponteiros do relógio para ajudá-la a se preocupar menos com os detalhes mundanos da vida, ou com o que os outros pensam. Esse é o verdadeiro presente do envelhecimento. Isso e o fato de que me tornei muito mais interessada em ficar aberta à direção da Vida — reagindo ao que aparece — ao invés de tentar direcioná-la com meu velho eu, dedicado e empenhado em perseguir o sucesso e fazer com que as coisas aconteçam. Embora eu possa não ter a mesma aparência jovem de dez anos atrás, tenho um novo tipo de beleza: a beleza da sabedoria.

— O engraçado é que agora você terá menos rugas — Louise me diz com uma risadinha. — Sejamos sinceras, as pessoas que se preocupam muito com o envelhecimento e com a aparência ficam extremamente tensas. Quando fazemos as pazes com o envelhecimento, nos preocupamos mais em sermos felizes e em ficarmos à vontade conosco mesmos.

"Você nunca mais terá vinte, trinta, quarenta ou cinquenta anos; você estará onde está. Se olhasse para fotografias suas de dez anos atrás, pensaria: *Meu Deus, minha aparência era ótima*. Mas, quando estava com essa idade, tenho certeza de que nunca pensou que era muito bonita. De qualquer forma, temos uma aparência muito melhor do que achamos que temos e precisamos saber apreciá-la agora."

— Estou também mais ciente de que sou mais gentil e atenciosa comigo mesma. E tenho a intuição de que sou uma pessoa mais agradável para os outros.

— Observo o mesmo agora que estamos trabalhando neste livro — comenta Louise. — Outro dia, ao sair de uma reunião, havia um caminhão no caminho e eu não pude pegar a rota usual. Então, tive de dar voltas e mais voltas e não sabia onde estava, mas sabia onde desejava chegar. No passado, isso era algo que teria me deixado irritada, mas, ao contrário, fiquei dizendo para mim mesma: "OK, está tudo bem. Sabe, você nunca dirigiu nesta estrada antes, e é uma estrada bonita. Simplesmente continue andando e chegará onde deseja." E, de repente: "Oh, aqui estou! De volta à estrada que eu queria."

— Você sempre observa seus pensamentos e ações e faz ajustes? É por isso que você parece ter tanta curiosidade sobre a vida?

— Tenho uma *enorme* curiosidade com relação à vida, e ela tem me ajudado a manter um espírito jovem. Bem jovem. Adoro fazer cursos, adoro estudar e adoro aprender algo novo. Estou esperando para que algo interessante surja no meu caminho agora para poder fazer um novo curso. Também ouço muito as pessoas: o que elas dizem, como elas se expressam. Sou muito curiosa em relação às pessoas e também em relação à maneira como falo comigo mesma. Quanto mais ouvimos nossa voz interior e fazemos mudanças positivas com base no que descobrimos, mais interessante a vida se torna.

Ouvir a sabedoria de Louise me convence de que essa sua curiosidade insaciável é diretamente responsável por ela envelhecer tão bem. Quando amamos aprender, quando estamos comprometidos com o nosso crescimento e, assim, apoiamos esse compromisso com ações, permanecemos engajados com a vida de uma forma resoluta e enriquecedora. Sentimo-nos mais conectados conosco, com os outros e com aquela grande fonte de energia chamada Vida. Tudo parece fluir quando vivemos alinhados com nossa essência, aquela parte de nós que é eterna e infinita.

Fico curiosa em saber quais crenças foram úteis para Louise enquanto envelhecia, e ela me dá um grande sorriso.

— Acredito que sou uma moça grande, forte, saudável e cheia de energia positiva. Estou muito satisfeita em ter a energia que tenho, em ser capaz de levar a vida que vivo e em aproveitar a companhia de amigos fabulosos. Acredito que a Vida me ama. Acredito que estou sempre segura. Acredito que só terei experiências boas, abençoo outras pessoas e sei que a Vida me abençoa e me enriquece. Sei que tudo está bem no meu mundo.

"Eu também acredito que rir é mais importante do que se preocupar com rugas. Tenho rido mais. Poucas coisas me aborrecem. Na realidade, sinto-me mais livre do que me sentia na infância. É como se meus bons pensamentos tivessem me levado de volta para um estado de inocência que parece encantado. Brinco comigo mesma e faço mais piadas hoje em dia. Cultivei uma percepção mental que me permite encarar a vida de um ponto de vista mais positivo. Esse estado de espírito positivo, generoso, agradecido e jubiloso atrai para mim uma vida melhor. E é por isso que esta é a melhor década da minha vida."

— E sobre suas crenças espirituais? Que papel elas desempenham em sua vida hoje?

— É interessante. Cresci sem absolutamente religião alguma, e isso foi provavelmente uma das melhores coisas que me aconteceram. Não tive que desaprender nada. Quando fui apresentada ao mundo metafísico na Igreja da Ciência Religiosa, tudo fez muito sentido para mim: a crença de que somos todos expressões da Inteligência Divina e, quando nos alinhamos com esta Inteligência, podemos criar o resultado desejado. Eu costumava ir à igreja com muita frequência e absorvia os ensinamentos. Mas, hoje, meu jardim é minha igreja. Vou trabalhar lá e encontro a paz. Se houver um pregador ou professor fantástico falando na vizinhança, talvez me dê vontade de ir ouvi-lo, mas já ouvi muito. Hoje em dia, vivo.

É hora de Louise e eu participarmos de uma recepção, patrocinada pela Hay House, para autores e para a equipe de palestrantes da conferência. No entanto, ela tem mais um conselho importante sobre saúde e envelhecimento para compartilhar comigo.

— Precisamos cultivar muito mais um determinado hábito, também. Todos nós necessitamos de mais abraços. Embora eu conheça muitas pessoas que não possuem recursos para trabalhar em seus corpos, todos nós somos capazes de dar abraços. Costumávamos fazer isso durante nossos grupos Hayride, e isso sempre tornava as pessoas felizes. Os abraços a manterão jovem e feliz.

E, em seguida, ela se levanta, aproxima-se de mim e me dá um forte abraço.

Enquanto sinto a força de seus braços e o sorriso em seu coração, penso: É mesmo, eu diria que essa é uma ótima maneira de tornar o envelhecimento muito mais fácil.

Capítulo Sete

O fim do filme

Ao sair do chuveiro, sinto o peso da melancolia no meu peito. Há uma tristeza que não consigo explicar. Sento na beira da banheira e me abro à dor — permito que ela viva e respire dentro de mim. Espero até ela me mostrar sua sabedoria. A cada respiração lenta e profunda, a resposta começa a emergir. A primavera se aproxima, e meu inverno dedicado a escrever está chegando ao fim. É quase hora de dizer adeus a este livro.

Conheço a rotina. Quando o fim de um livro se aproxima de mim, tendo a correr para terminá-lo e, ao mesmo tempo, desacelerar para saborear o processo uma última vez. Este é meu capítulo final, e terminá-lo é sempre uma experiência agridoce. Mas sempre há algo mais...

Percebo que também estou ansiosa por causa de um amigo querido que tem uma doença séria. Temo por ele, por mim, por nós. Seco o cabelo com a toalha, passo um pouco de rímel nos olhos e brilho nos lábios. Preciso me vestir. Louise e eu estamos no centro de Vancouver para participar de um evento e vamos nos encontrar para tomar café da manhã em meia hora (e ela sempre chega antes da hora marcada). Desta vez, tenho uma pauta.

Sentamos em uma mesa tranquila no fundo do restaurante do hotel. O ritual agora se tornou uma segunda natureza: eu sento, imediatamente tiro o iPhone, começo a gravar e pego minhas anotações. Sentada diante de Louise, sinto-me um pouco hesitante, vulnerável. Estou fazendo o melhor que posso para segurar as lágrimas, mas não consigo parar de me sentir transparente na presença dela. Ela nota que algo está errado, mas não diz nada. Ao invés disso, ela apenas me olha nos olhos e espera eu falar.

— Tenho um amigo querido que está com uma doença grave, e temo que ele possa estar morrendo. Embora deseje ser positiva, não consigo deixar de me preocupar com sua possibilidade de cura, e não sei como falar com ele sobre isso. Sei que você tem bastante experiência com doença e morte, e simplesmente preciso saber o que fazer.

— Você o *ama* — ela responde imediatamente. — E torna isso uma experiência positiva. Quando as pessoas estão com problemas, sempre concentro em alguns pontos. Primeiro, foco em quem elas são como pessoas, não nas doenças delas. Gosto de lembrar a elas como são maravilhosas, divertidas, cuidadosas, sábias ou gentis. E frequentemente menciono minhas memórias favoritas de nosso tempo juntas. Mais importante, permito que elas assumam a liderança do processo. Precisamos respeitar a situação das pessoas. Simplesmente pergunto como elas se sentem em qualquer determinada situação e deixo que suas respostas encaminhem nossa conversa daí em diante.

Enquanto ouço Louise falar, lágrimas relutantes escorrem de meus olhos, e ela retira lenços de papel da bolsa.

— Você nunca sabe qual é o destino nessas viagens, ou sabe? — ela observa com um sorriso, enfiando o lenço em minha mão. — É difícil quando isso acontece.

— Sei que devemos pensar positivamente, mas...

— Mas espere aí — ela interrompe. — A morte não é negativa. A morte é um passo positivo na vida. Todos nós vamos passar por isso. Você está angustiada porque simplesmente não deseja que seu amigo faça isso neste momento.

— Ou de uma forma que seja dolorosa — admito.

— Sim, é importante ter certeza de que nossos entes queridos não sintam dor. Lembro quando minha mãe estava pronta para partir. Ela tinha 91 anos e ficou gravemente doente, e queriam fazer uma operação monumental nela. Eu disse: "De jeito nenhum! Você não vai fazer essa mulher passar por uma experiência desse tipo na idade dela. Simplesmente não deixe que ela sinta dor." Essa era a prioridade máxima: mantê-la sem dor e deixá-la ir aos poucos. E isso foi o que aconteceu. Nos dias seguintes, ela alternou entre a consciência e a inconsciência. Ficava inconsciente e voltava falando sobre parentes e depois ficava inconsciente novamente e, quando voltava, tinha outra história. Ela não sentiu dor, o que foi muito importante para mim.

"Vamos todos partir desta vida em algum momento, Cheryl, e eu não acredito que haja algo a temer. Você vê, não fui criada para crer no inferno e na danação. Quero dizer, vivi com isso... mas, uma vez que não fui criada com esse conceito, não tenho medo da morte. Não acredito que vou para o inferno. Já estive lá."

Essa última afirmação foi dita de uma forma tão natural que só poderia ter sido recitada por alguém que transcendera um passado doloroso. Concordei, sorri e limpei o rosto.

— Precisamos encarar a vasta gama de material que nos ensinaram sobre a morte — Louise continua. — Se seus pais foram a uma igreja cheia de mensagens sobre castigos infernais e danação, você talvez tenha muito medo da morte. Você se perguntará: *Fui suficientemente boa, e se não fui, vou arder no fogo do inferno para sempre?* E, se você pensa que vai arder no fogo do inferno para sempre, então terá um pavor extremo da morte.

"Não surpreende que muitas pessoas tenham pavor da morte. Muitas religiões compartilham essa mensagem de uma forma ou de outra: a de que você é um pecador e precisa se comportar ou vai pagar por isso quando morrer. Você pode não ser queimado no inferno, mas *pagará*. Dessa forma, a morte se torna tremendamente apavorante."

Penso sobre o conceito de inferno e danação e lembro-me das minhas experiências na infância. Eu conhecia bem a ideia de céu e inferno, assim como a de algo intermediário — o purgatório ou o limbo. Fui criada para acreditar que você ia para o céu se fosse uma católica boa e obediente às leis do catolicismo, e para o inferno se não fosse. O purgatório e o limbo eram lugares intermediários para aqueles que precisavam expiar seus pecados, ou para as crianças que não receberam o sacramento do batismo.

Quando pequena, me ajoelhava ao lado da cama antes de dormir, enquanto repetia as palavras *Jesus, Maria e José* tantas vezes quanto conseguia para ajudar a transportar as almas do purgatório para o céu. Odiava a ideia de que havia pessoas presas em um lugar, apavoradas e sozinhas. Felizmente, à medida que amadureci e comecei a explorar uma variedade de religiões e tradições espirituais, passei a trocar o conceito de inferno por uma fé pessoal de que a morte é meramente um ponto de transição que nos coloca de volta em contato com o Criador em um estado de amor, compaixão e perdão.

— Você tem medo da morte neste momento de sua vida? — pergunto à Louise.

— Não. Não quero ir imediatamente porque há muito ainda que desejo fazer, mas vou dizer isso a vida inteira. Todos nós o diremos. Existe sempre algo a fazer: o casamento de um filho para festejar, um bebê prestes a nascer, ou um livro a escrever. Tenho também este sentimento forte de que chegamos no meio do filme e partimos no meio do filme. O filme é contínuo. Entramos e saímos. Todos nós fazemos isso. Não existe tempo errado ou certo, existe apenas o *nosso* tempo. Era nosso tempo de nascer e nosso tempo de partir.

Penso sobre a ideia de partir no meio do filme e concordo que essa é a parte difícil da morte: nunca haver um momento pré-estabelecido para partir.

Louise explica:

— Acredito que, muito antes de chegarmos, a alma escolhe experimentar determinadas lições, lições sobre amar uns aos outros e a nós mesmos. Quando aprendermos a lição do amor, podemos partir com alegria. Não há necessidade de sentir dor ou sofrimento. Sabemos que, da próxima vez, seja onde for que escolhermos reencarnar, traremos todo o amor conosco.

Então, a questão é como fazer as pazes com a saída no meio do filme. O problema, da maneira como o vejo, é que pensar na morte nos traz um grande desconforto. Não falamos sobre ela. Não nos preparamos para ela. Nem ao menos nos permitimos pensar sobre nossos medos e preocupações. Vivemos em uma cultura que evita o tema totalmente. Ao invés disso, esperamos até estarmos diante de uma doença grave e sermos forçados a tomar decisões importantes sob pressão — com relação aos entes queridos ou a nós mesmos — e então nos perguntamos por que é tão apavorante e doloroso.

Para fazer as pazes com a partida, primeiro precisamos estar dispostos a abordar o assunto. Precisamos enfrentar o constrangimento e os sentimentos desconfortáveis associados à morte encarando firmemente o medo. Quando o fazemos, descobrimos o que o medo tem a nos ensinar.

Eu certamente ignorei tudo que tinha a ver com a morte até depois dos trinta anos, quando tive o privilégio de passar por um processo de morte de maneira consciente com alguém de quem eu gostava. Seu nome era Lucy, e ela tinha oitenta e poucos anos. Lucy tinha uma casa abarrotada de tesouros acumulados durante sua longa vida, uma mente sábia e um enorme coração... mas nenhuma família. Durante uma internação hospitalar por causa de um resfriado forte, ela recebeu o diagnóstico de que estava morrendo de câncer e depois me pediu para ajudá-la a organizar determinados aspectos de sua partida. Minha primeira reação foi dizer: *De jeito nenhum! Não tenho interesse algum em pisar nesse campo minado.* No entanto, após muita discussão, minha compaixão (e culpa) venceu, e relutantemente concordei.

O que aconteceu nos três meses seguintes foi quase um milagre. Um a um, Lucy e eu examinamos os tesouros em sua casa e fizemos planos para dá-los a pessoas específicas. Tornei-me intimamente envolvida com sua vida, seus amores e seus desejos de como terminar de viver. Prometi que realizaria todos eles, tanto durante o processo quanto após sua partida.

Na noite em que Lucy morreu, eu proferi uma palestra, voltei para casa e me aninhei na cama quando algo me disse para levantar e fazer a viagem de uma hora para vê-la. Conhecendo bem minhas intuições, segui meu instinto e fui até o hospital. Quando cheguei lá, descobri que minha amiga estava inconsciente em um quarto particular e assistida por uma enfermeira afetuosa e cheia de compaixão que me assegurou de que ela conseguia ouvir tudo que eu dizia.

Por quase uma hora fiquei sentada ao lado de Lucy, revisitando as instruções que ela me dera sobre os planos para o fim de sua vida. Descrevi todos eles, em voz alta, com ela deitada diante de mim. Assegurei-lhe de que tudo estava em ordem e pronto para ela fazer a transição para um lugar mais pacífico. Eu estava apavorada? Pode apostar que sim. Mas também estava preparada.

Enquanto olhava seu lindo rosto, de repente ela acordou, olhou diretamente nos meus olhos, deu-me um imenso sorriso e um último suspiro. Naquele momento, algo importante mudou. A morte e eu nos tornáramos amigas íntimas.

Fiquei sentada ao lado de Lucy naquela noite por algum tempo após o falecimento dela, olhando seu rosto, suas mãos e seu corpo sem vida, contemplando essa coisa apavorante que chamamos de morte. Mas eu não estava apavorada. Ao contrário, senti-me segura, marcada de uma forma meiga e profunda, além de surpresa por ver como o processo acabara se desenvolvendo de uma forma tão natural. Sim, eu sentiria falta de minha amiga, porém, a partir dessa nova perspectiva, a morte não era o monstro silencioso que eu imaginava ser, um bicho-papão que precisava ser trancado e somente libertado no último momento possível. Era um estado suave de libertação e entrega, o cumprimento de uma promessa.

— Viu, você passou por uma experiência de morte e sabe que ela não vai matar você — Louise diz para mim agora. — Ela acaba sendo mais bonita do que feia quando a encaramos com amor e com um planejamento apropriado. Pode ser um pesadelo, no entanto, se você não está preparada.

"Há um ano, após um grande amigo meu ficar gravemente doente, pensei muito sobre a minha própria morte. Ele era um excelente pregador para as pessoas que enfrentavam o fim de suas vidas. Sabia o que era certo dizer e fazer. Tinha uma capacidade fabulosa de lidar com a morte. Mas, quando chegou a hora *dele* partir, tudo foi muito diferente. Foi muito difícil para ele. Constantemente lamentava-se e queixava-se, reclamando de que isso ou aquilo estava errado. Se você o ajudava a sentar, ele queria levantar; e se o ajudava a levantar, ele queria sentar. Logo todos ficaram exasperados com ele. Enquanto assistia a tudo que passava, perguntei-me por que ele não conseguia fazer para si mesmo o que fizera para tantos outros."

Depois de fazer uma pausa por um instante, ela continuou:

— Ver meu amigo morrer de forma dolorosa me mostrou a forma errada de lidar com tudo isso. Tantas pessoas o amavam e, no entanto, muitos de nós acabamos querendo dar uma surra nele. Ele não nos permitiu amá-lo. Acho que estava apavorado e tinha muitas questões não resolvidas.

— Então, ver a maneira como ele fez a transição fez você pensar sobre como desejaria fazer a sua — comentei. — Como você deseja fazer isso?

— Primeiro, eu permitiria que as pessoas me amassem o quanto quisessem. Permitiria que cuidassem de mim. Permitiria que transformassem aquilo tudo em uma experiência incrível. Embora, provavelmente, eu é que *as* consolaria. Agora, para mim, a situação ideal seria: simultaneamente permitir que elas me amem enquanto eu as consolo. Ou então eu gostaria de adormecer uma noite após uma festa maravilhosa e não acordar mais.

Ambas rimos por reconhecer a paz e a simplicidade dessa ideia.

— Quando chegar a minha vez de partir — Louise esclarece — quero que seja um processo consciente e desejo concentrar em como torná-lo o mais confortável possível. Após passar por essa experiência com meu amigo, tomei a decisão de encarregar duas pessoas pelo meu falecimento, uma que tomará as decisões relacionadas ao meu corpo e outra que me dará apoio emocional e espiritual. Quando minha hora chegar, terei alguém comigo que esteja familiarizado e se sinta confortável com o processo da morte.

A ideia de escolher a dedo as pessoas que nos apoiarão emocional e espiritualmente, assim como fisicamente, quando chegarmos ao fim da vida é um pensamento revolucionário. Você não se sentiria melhor sabendo que estará segura, confortável e sem dor, cercada por pessoas bem preparadas para atender às suas necessidades e à sua transição? Imagine pensar — quero dizer, realmente considerar a hipótese — sobre as circunstâncias ideais de sua morte...

Por não falarmos sobre a morte, mais tarde na vida acabamos nos sentindo atirados em um sistema médico que está encarregado de tratar do corpo, mas não necessariamente do coração ou da mente. De repente, podemos estar em um hospital sendo apalpados e espetados por agulhas, à mercê de quem quer que esteja de plantão. Apavorados e despreparados demais para podermos fazer escolhas inteligentes que sejam condizentes com a nossa saúde emocional, física e espiritual; pagamos um preço alto por não ter o apoio amoroso e carinhoso que merecemos.

A disposição de Louise para planejar sua transição é um ato corajoso e profundo de cuidado consigo mesmo. Ter os olhos, os ouvidos e a mente de alguém em quem confiamos pode significar a diferença entre um fim tranquilo e um desastre. Então, tive de perguntar que diretrizes ela usou para escolher as duas pessoas que apoiarão sua transição. Ela procurou por qualidades específicas ou estabeleceu regras para orientar o processo?

— Escolhi duas pessoas em quem confio e que estarão lá para me ajudar no fim da minha vida — ela respondeu. — Elas sabem o que desejo, o que me deixa confortável e concordaram em realizar meus desejos. Conheço-as bem e confio na experiência delas. As duas conhecem suas áreas de especialização individuais tão bem que não precisarei lhes dar instruções específicas. O primeiro ajudou muitas e muitas pessoas a passarem pelo fim da vida delas, e a segunda pessoa é da área médica, sendo conhecedora de meu corpo e minhas necessidades em termos de saúde. Confio que elas farão o que prometeram fazer, e isso é o que mais importa para mim.

— Então é o planejamento que contribui para a paz? Encarar a morte reduz nosso medo?

— Devo dizer que, embora um número grande demais de homens jovens tenha morrido por causa da AIDS na época em que eu trabalhava com eles, muitos deles morreram em paz. Falamos sobre a morte e a enfrentamos juntos. Lembro-me de um homem, David Soloman, que nos permitiu realizar seu funeral na frente dele. Ele sabia que só lhe restavam poucos dias de vida e veio à nossa reunião em uma cadeira de rodas.

Vejo lágrimas surgirem nos olhos de Louise, e é minha vez de buscar por um lenço de papel.

— Dissemos diante dele todas as coisas maravilhosas que teríamos dito em seu funeral — ela me conta. — Foi uma experiência linda para nós todos. Desejávamos tornar aquele momento tranquilo, amoroso e consolador para ele. E conseguimos.

— Que ritual lindo — comento, olhando nos olhos dela.

— Eu costumava fazer uma coisa boba com todos os rapazes. Eu falava sobre reencarnação e lhes contava que eu os procuraria novamente nos rostos de bebês. Costumava fazer uma mímica do que faria: "Esse é você, David Soloman? Esse aí é você? Voltou para nos ver? Você é fofo." E eles riam e riam.

Eu também dou gargalhadas enquanto ela revive essa história. Depois, pergunto se ela acha que lidar com esses homens portadores da AIDS foi um de seus trabalhos mais recompensadores.

— Foi incrível. Foi incrível — ela repete. — Astrologicamente, isso foi quando Plutão passou na frente do meu sol, um tempo em que a maioria das pessoas tem grandes problemas porque existe uma infinidade de lições sobre a morte. Mas aprendi a maior lição de todas. Eu estava tão ocupada lidando com aqueles homens que não tinha tempo para me preocupar comigo mesma. E quanto mais simples eu era e quanto menos fazia, mais maravilhosa eles consideravam a reunião.

"Às vezes, eu simplesmente ficava sentada lá, fazia uma pequena oração e meditação de abertura e escolhia alguém para falar. Quando essa pessoa acabava, eu escolhia outra. No final da reunião, fazíamos tríades de cura. Alguém se deitava e, em seguida, uma pessoa sentava na cabeceira e outra nos pés, tocando o corpo da pessoa à sua frente enquanto eu liderava uma meditação com fundo musical. E depois revezávamos para que todos tivessem uma oportunidade para receber amor. As coisas simples eram as que mais significavam para eles."

— Existem afirmações que você já usou para lidar com a morte?

— Sim, queremos usar aquelas que abordam sistemas de crença sobre o que está do outro lado. É importante observar se existe uma criancinha apavorada lá dentro daquela pessoa, que se lembra do inferno e da danação. Precisamos fazer afirmações para curar tais crenças para que a morte não seja tão apavorante.

Louise oferece algumas que ela tem usado ao longo dos anos:

Ao fim desta vida, espero ansiosamente me reconectar a meus entes queridos do outro lado.
Faço minha viagem para o outro lado desta vida com alegria, calma e paz em meu coração.
Estou muito animado para ver meus entes queridos no final desta viagem.
Vejo apenas amor e paz do outro lado desta etapa de minha vida.

Terei apenas experiências boas. Estou seguro e sou amado.

— É mais fácil partir se você se sente confortável — ela diz.
— Se você sente que será algo bom. Então, você não fica aterrorizado.

— E já que você não sabe o que está do outro lado...
— É verdade. Ninguém sabe. Existem pessoas com crenças muito fortes que nos dirão o que é verdade, mas ninguém realmente sabe. Precisamos encorajar as pessoas a pensar e a se preparar para o fim da vida de uma maneira confortável. Não importa que idade tenhamos, é importante fazer isso. Eu poderia sobreviver às pessoas que escolhi para cuidar de mim, mas também tenho certeza de que a Vida me daria outra opção. Fui resgatada de muitas situações. Posso ter passado por muitas coisas ruins, mas sempre sobrevivi.

— Por que você acha que isso aconteceu?

Bem, suponho que haja uma possibilidade de que seja porque eu ainda tinha um trabalho importante por fazer, então sempre saí das enrascadas. Sempre fui o tipo de pessoa que corre riscos. Afinal, quando você se abre para Vida, a Vida sempre parece se abrir para você.

Louise certamente se abre para a Vida.

No fim do que eu imagino que seja a nossa última reunião, volto para o meu quarto me sentindo cheia de amor e de profunda admiração por essa experiência que trará consequências para o resto da minha vida. Como sou abençoada por ter passado tanto tempo com uma mulher tão extraordinária! Ao rodar a chave na fechadura do meu quarto de hotel, sinto que minha vida nunca mais será igual. Sinto também algo mais profundo em meus ossos: *Certamente a Vida me ama.*

Vários dias mais tarde, depois de voltar para casa da nossa viagem a Vancouver e revisar minhas anotações, penso sobre como poderia terminar este livro. Ao invés de lutar para encontrar as palavras certas, rendo-me e permito que o fechamento perfeito me encontre.

A resposta vem em poucos dias, na forma de um e-mail de Louise. Ela encontrara uma carta de muitos anos atrás, enviada por um jovem que estava morrendo de AIDS. Não poderia ser mais perfeita:

Queridíssima,

Eis alguns pensamentos que tenho sobre o processo perfeitamente normal e natural de deixar o planeta — um processo pelo qual todos nós passaremos. Quanto mais em paz pudermos estar com esta experiência, mais fácil ela será. Eis o que sei:

Estamos sempre seguros
É apenas uma mudança
Desde o momento em que nascemos
Preparamo-nos para sermos abraçados pela Luz uma
vez mais
Posicione-se para sentir a paz eterna
Anjos o cercam
Eles guiam você a cada passo do caminho.
Qualquer que seja a saída que escolher
Ela será perfeita para você
Tudo acontecerá
na sequência perfeita, no tempo e no espaço
Este é um momento de alegria e deleite
Você está a caminho de casa
Assim como todos nós.

Coleção de afirmações

PARA CURAR:

Eu me amo e me perdoo.

Eu me perdoo por permitir que [meu medo, meu ressentimento, minha raiva, ou qualquer outro sentimento negativo] *faça mal ao meu corpo.*

Mereço ser curado(a).

Tenho o direito de ser curado(a).

Meu corpo sabe como se curar.

Coopero com as necessidades nutricionais do meu corpo.

Alimento meu corpo com refeições saudáveis e deliciosas.

Amo cada centímetro do meu corpo.

Vejo água transparente e refrescante fluindo pelo meu corpo e levando consigo todas as impurezas.

Minhas células saudáveis ficam mais fortes a cada dia.

Confio que a Vida auxiliará minha cura de todas as formas.

Toda mão que toca meu coro é uma mão curadora.

Meus médicos estão espantados com a rapidez com que meu corpo está se curando.

Todos os dias, de todas as maneiras, estou ficando cada vez mais saudável.

Eu me amo.

Estou seguro(a).

A Vida me ama.

Estou curado(a) e inteiro(a).

AO ACORDAR E ABRIR OS OLHOS:

Bom dia, cama, obrigada por ser tão confortável. Amo você.

Querido(a) [seu nome], este é um dia abençoado.

Tudo está bem. Tenho tempo para tudo que preciso fazer hoje.

AO OLHAR NO ESPELHO DO BANHEIRO:

Bom dia, [seu nome]. Amo você. Amo muito, muito você.

Há experiências incríveis esperando por você hoje.

Você parece ótima(o).

Você tem um sorriso lindo.

Sua maquiagem [ou cabelo] está perfeita(o).

Você é minha mulher [ou homem] ideal.

Vamos ter um dia maravilhoso.

Amo você imensamente.

NO CHUVEIRO:

Amo meu corpo e meu corpo me ama.

É um prazer imenso tomar banho.

A água é muito boa.

Sou grata pelas pessoas que projetaram e instalaram este chuveiro.

Minha vida é muito abençoada.

Sou banhada com bons pensamentos durante o dia inteiro!

AO USAR O BANHEIRO:

Libero com facilidade tudo de que meu corpo não precisa mais.
Ingestão, assimilação e eliminação, estão todas na correta ordem divina.

AO SE VESTIR:

Amo meu guarda-roupas.
É tão fácil me vestir.
Sempre escolho a melhor roupa para vestir.
Sinto-me confortável em minhas roupas.
Confio em minha sabedoria interna para escolher a roupa perfeita para mim.

NA COZINHA:

Olá, cozinha, você é meu centro de alimentação. Sou grata a você!
Você e todos os utensílios me ajudam muito no preparo de refeições deliciosas e nutritivas.
Há tanta abundância de alimentos bons e saudáveis na minha geladeira.
Consigo fazer refeições deliciosas e nutritivas com facilidade.
Você me ajuda a ser alegre.
Amo você.

DURANTE AS REFEIÇÕES:

Sou muito grata por ter esse alimento maravilhoso.
Abençoo esta refeição/este alimento com amor.
Adoro escolher alimentos nutritivos e deliciosos.
A família toda está apreciando esta refeição.

A hora das refeições é um momento para dar risadas. Rir é bom para a digestão.

Planejar refeições saudáveis é uma alegria.

Meu corpo ama a forma como escolho os alimentos perfeitos para minha família.

Agora, estamos todos alimentados e preparados para o dia à nossa frente.

Nesta casa, todas as nossas refeições são harmoniosas.

Reunimo-nos com grande alegria e amor.

A hora das refeições é um momento alegre.

As crianças amam experimentar novos alimentos.

Meu corpo cura e se fortalece a cada mordida que dou.

QUANDO DIRIJO:

Estou cercada por bons motoristas e envio amor para todos os carros ao meu redor.

Minha viagem é muito fácil e tranquila.

Meu percurso segue tranquilo e mais rápido do que eu esperava.

Sinto-me à vontade em meu carro.

Sei que esta será uma linda viagem até o escritório [ou para a faculdade, a loja, ou local semelhante].

Abençoo meu carro com amor.

Envio amor para todas as pessoas na rua.

AO LONGO DO DIA:

Amo minha vida.

Amo este dia.

A Vida me ama.

Adoro quando o sol brilha.

É maravilhoso sentir o amor em meu coração.

Tudo que faço me dá alegria.

Mudar meus pensamentos é fácil e tranquilo.

É uma alegria falar comigo mesmo de forma gentil e amorosa.

Esse é um dia glorioso, e toda experiência é uma aventura jubilosa.

<u>NO TRABALHO:</u>

Trabalho em colaboração com pessoas inteligentes e inspiradoras em projetos que contribuem para a cura do mundo.

Abençoo este trabalho com amor.

Tenho uma relação maravilhosa com todos no trabalho, inclusive com _____.

Estou cercado(a) por colegas de trabalho maravilhosos.

Todos os meus colegas de trabalho são simplesmente muito agradáveis.

Divertimo-nos muito juntos.

Tenho um relacionamento maravilhoso com meu chefe.

Sempre amo o local onde trabalho. Tenho os melhores empregos. Sou sempre apreciado.

Libero este emprego para outra pessoa, que será tão feliz quanto eu sou aqui.

Aceito um emprego que use todos os meus talentos e minhas capacidades criativas.

Este trabalho é profundamente satisfatório, e é uma alegria ir trabalhar todos os dias.

Trabalho com pessoas que me valorizam.

O trabalho perfeito vai me encontrar.

O local onde trabalho é iluminado, claro, arejado e repleto de entusiasmo.

Meu novo emprego está em um local perfeito, e ganho bem, pelo que sou profundamente grata.

QUANDO CHEGO EM CASA DEPOIS DO TRABALHO:

Boa noite, casa, estou de volta.

Estou muito feliz por estar aqui. Amo você.

Vamos ter uma noite ótima juntas.

Estou ansiosa para ver minha família.

Teremos momentos maravilhosos juntos esta noite.

As crianças fazem o dever de casa em um piscar de olhos.

O jantar parece se autopreparar.

PARA APOIAR A SAÚDE E O ADORÁVEL CORPO:

Este é um momento confortável e fácil da minha vida.

Estou agradavelmente surpresa por ver como meu corpo se adapta com facilidade à menopausa.

Durmo bem à noite.

Meu corpo é um excelente amigo, temos uma vida maravilhosa juntos.

Ouço as mensagens do meu corpo e ajo de acordo.

Dedico tempo para aprender sobre como meu corpo funciona e de que alimentos ele precisa para estar em ótima saúde.

Quanto mais amo meu corpo, mais saudável me sinto.

Olá, corpo, obrigado(a) por ser tão saudável.

Você está com uma aparência ótima hoje.

É minha alegria amar você para ter uma saúde perfeita.

Você tem os olhos mais lindos do mundo.

Amo sua forma linda.

Adoro cada milímetro de você.

Amo você imensamente.

Amo você, querido corpo, por me manter em pé.

Você é um corpo muito bonito.

Obrigado(a) por ser tão flexível e cooperativo hoje.

Simplesmente adoro ver sua força e elegância.

QUANDO ENFRENTO DIFICULDADES:

Libero esse incidente com amor, acabou.
Olho com expectativa para meu momento a seguir, recente e novo.
Terei apenas experiências boas.
Sou recebida com amor onde quer que eu vá.
Amo a Vida e a Vida me ama.
Tudo está bem, e eu também.
Tudo está bem. Tudo está funcionando para meu bem maior. Apenas o bem surgirá dessa situação. Estou seguro(a).
Aprecio uma resolução pacífica para esse problema.
A situação desconfortável é resolvida rapidamente, e todos ficam satisfeitos com o resultado.
Acabo com todo drama da minha vida e agora obtenho energia da paz.

PARA A PROSPERIDADE:

Prospero em qualquer área à qual me dedico.
Minha renda cresce constantemente.
Abençoo e torno prósperos todos no meu mundo, e todos no meu mundo me abençoam e me tornam próspero(a).
A Vida me ama, e todas as minhas necessidades são sempre saciadas.
Aceito, agradecida, tudo de bom que tenho em minha vida agora.
A Vida me ama e cuida de mim.
Confio que a Vida toma conta de mim.
Sou digna de abundância.
A Vida sempre provê as minhas necessidades.
A abundância inunda minha vida de formas surpreendentes todos os dias.

PARA SE PREPARAR PARA O FIM DA VIDA:

Ao fim desta vida, espero ansiosamente me conectar com meus entes queridos do outro lado.

Faço minha viagem para o outro lado desta vida com alegria, tranquilidade e paz em meu coração.

Estou muito animado(a) para ver meus entes queridos no fim desta viagem.

Vejo apenas amor e paz do outro lado desta etapa da minha vida.

Terei apenas experiências boas. Estou seguro(a) e sou amado(a).

Este livro foi composto na tipologia Minion Pro,
em corpo 11/14,3, e impresso em papel off-white,
no Sistema Digital Instant Duplex da
Divisão Gráfica da Distribuidora Record.